¿DÓNDE ESTÁ DIOS CUANDO MÁS LO NECESITO?

La perspectiva divina de nuestros problemas

GLORIA NIETO DE VÁZQUEZ

EDITORIAL

Vida

HACIA UN NUEVO MILENIO

La misión de EDITORIAL VIDA es proporcionar los recursos necesarios a fin de alcanzar a las personas para Jesucristo y ayudarlas a crecer en su fe.

© 1999 EDITORIAL VIDA
Miami, Florida 33166-4665

© 1999 por *Gloria Vázquez*

Diseño interior: *Words for the World, Inc.*

Diseño de cubierta: *Gustavo A. Camacho*

ISBN 0-8297-2172-X

Categoría: *Vida Cristiana / Aliento*

Impreso en Estados Unidos de América
Printed in the United States of America

04   05   ❖   07   06   05

Contenido

Prólogo

Erick y Gloria, joven matrimonio entregado al Señor y con un sólido ministerio que abarca a cerca de ochocientos jóvenes, sufrieron la terrible prueba de ver marchitarse y morir a una hija, víctima de una enfermedad incurable: la lipidosis; hija que solo alcanzó a vivir tres años. En aquel entonces, los médicos y especialistas les dijeron que si tenían otro hijo, existía la probabilidad de un veinticinco por ciento de que sufriera el mismo mal.

¿Por qué decidieron tener otro hijo?

Este es el relato de Ericka, la segunda hija de Erick y Gloria Vázquez. Al igual que su hermana, Ericka padeció de este raro y devastador mal que mata lentamente y contra el cual la ciencia moderna no conoce remedio. Los terribles momentos pasados, la angustia, las dudas y la esperanza a los que fueron sometidos estos jóvenes padres ya fueron descritas de alguna manera en el libro «Los Caminos Altos», de esta misma casa editorial.

¿Es este libro una reiteración de aquellos momentos? No, definitivamente no lo es. Aunque se trata de la misma enfermedad, del insoportable e idéntico dolor de perder a un hijo, este testimonio no es una continuación del primer libro, como tampoco es una presentación de los mismos personajes. Erick y Gloria cambiaron y atravesaron, como muchos seguidores de Jesús, esta senda siempre llena de sorpresas (agradables y desagradables) que se llama vida, en

pos de la ansiada meta que solo se consigue con perseve-
rancia y con mucha fe.

Si usted volviera a pasar una prueba tan desgarradora
como es la de ver consumir a un hijo, ¿reaccionaría igual
que hace años? ¿Le quedarían fe y fuerzas para enfrentar-
la? Si en aquel entonces vencí la prueba —bueno, por lo menos así me pareció—, ¿por qué debo pasar otra vez por esto?
¿He crecido espiritualmente de verdad? ¿He madurado?

Los que leyeron el primer libro encontrarán un punto
de vista diferente del mismo problema. Las personas que
abren estas páginas por primera vez, tal vez encuentren
respuestas a muchas preguntas. Tal vez no se sientan solas. Quizá comprueben que están haciendo lo que se debe.
En este libro no hay teoría. Todo es dolorosamente cierto.

I

Un sitio disponible

Ya HABÍAMOS DISCUTIDO la posibilidad de adoptar un niño. Erick no se mostraba ni convencido ni animado. No había pasado mucho tiempo del fallecimiento de Paola, cuando ya nos habían ofrecido dos bebés al mismo tiempo. Ante tal ofrecimiento, a mí se me iluminó el rostro y el corazón de alegría. Imagínese, ¡dos hijos! Sin embargo, Erick se mostraba reticente. Quería decir *sí*, y yo sabía en lo profundo de mi corazón que aceptaría; mas no por él, sino por mí, para hacerme feliz.

Por supuesto, rechazamos el ofrecimiento.

Me moría de ganas de adoptar una criatura. Aunque hubiese tenido hijos sanos, mi deseo era adoptar. Erick, sin embargo, nunca pensó en dicha posibilidad, hasta que reconoció que era una opción para tener familia. Él no lo decía, pero era evidente que extrañaba terriblemente, al igual que yo, a Paola. Quizá, en lo más recóndito de su corazón, albergaba la duda de no poder amar a ese niño adoptado tanto como amó a Paola.

Oré mucho. Y no pasaron ni dos semanas cuando se hizo evidente un cambio en Erick, quien comenzó a informarse con detalle sobre los vericuetos que entraña una adopción.

> *Nos llegó un libro con numerosas direcciones de agencias dedicadas a la adopción... Escogimos unas veinte y de inmediato escribimos*

Nos llegó un libro con numerosas direcciones de agencias dedicadas a la adopción en Estados Unidos. Escogimos unas veinte y de inmediato escribimos solicitando información, la cual recibimos rápidamente y en abundancia. Nos enteramos, entre otras cosas, que de acuerdo a la ley del aborto en los Estados Unidos —práctica legal en la mayoría de los estados de la Unión Americana—, no existen suficientes bebés para cubrir la demanda de adopción y que, por lo tanto, rechazaban nuestra solicitud. Otras agencias, sin asegurar nada, nos enviaron tarifas que iban de los siete mil a los veintiún mil dólares. Otras más nos informaron que si deseábamos «adquirir» un negrito, la tarifa sería más baja y casi exenta de trabas.

Sin comentarios...

Estas agencias, en su mayoría cristianas, nos apagaron los deseos de seguir escribiendo para solicitar más información. Nos habíamos imaginado que en los Estados Unidos era más fácil hacer este proceso, pero no tardamos en darnos cuenta que no era así. Seguimos orando, pidiéndole al Señor que nuestra decisión fuera de acuerdo a su voluntad y no a la nuestra. Que si estábamos equivocados, cerrara puertas y así nos mostrara su parecer.

Un día, mi hermana Vivi me presentó a una pareja amiga suya quienes me dijeron de un lugar donde podíamos acudir, recomendados por ellos, a adoptar un bebé. Se trataba del DIF del Estado de México. Con lujo de detalles me explicaron sus experiencias cuando ellos adoptaron a las que ahora son sus hijas. Conforme iba avanzando el relato, me fui emocionando. Quizá ese era el camino adecuado y correcto que debíamos tomar. Todo bajo el amparo de la ley, con papeles y actas oficiales, cosa que me llenó de paz. Nos dijeron con quién ir, qué papeles llevar y toda una serie de valiosas recomendaciones.

No tardamos en reunir todos los documentos solicitados e iniciar los trámites para la adopción. Por razones que desconozco, las leyes del Estado de México, referentes a la demanda de adopción y los trámites a seguir, son diferentes a las de la Ciudad de México. Con agrado constatamos que los trámites eran menos largos y tortuosos. O sea, todo estaba a nuestro favor.

«Ustedes solo pueden escoger sexo y edad. ¿Están de acuerdo?»

Erick y yo intercambiamos una rápida mirada y asentimos. Entonces, el licenciado encargado de atendernos suspiró y comenzó a llenar con rapidez uno de tantos formularios, golpeando sin piedad su máquina de escribir. Yo no quería un recién nacido. Había pasado tres años con pomos de leche y pañales. Sentíamos la necesidad de un bebé mayor, que ya reaccionara y fuese un poco más independiente. Que nos sonriera y nos dijera «papá» y «mamá». En fin, todo lo que no habíamos tenido durante tres años.

El día que nos citaron para ir al albergue temporal y hacernos pruebas sicológicas, el Señor mediante su Palabra, nos dijo: «Bienaventurado el que tú escogieres y atrajeres a ti, para que habite en tus atrios; seremos saciados del bien de tu casa, de tu santo templo» (Salmo 65:4). Sin sacar este versículo del contexto, dice que Dios escoge y atrae hacia sí para habitar bajo sus alas. Sentí el impacto de ese mensaje, llenándome de una rara alegría. Sí, bendito el que tú escogieres.

«Pero Padre», decía mientras oraba, «no podemos escoger. Es más, ni siquiera nos dejan entrar a ver a los niños. ¿Cómo haremos para...? ¿Y si no podemos...?»

Como si Dios no supiera. _¡Ay, Gloria!_, pensé, y casi de inmediato recapacité. Es cierto, las reglas humanas prohíben esto y aquello, pero volviendo a releer el Salmo, terminé por musitar: _Señor, si esto es de ti, se hará y escogeremos a quien tú nos muestres._

Llegamos al albergue. Luchando contra mi incredulidad me acerqué a una señorita y le pregunté si era posible entrar a mirar las cunas. Mis oídos estaban esperando escuchar un _«no»_ rotundo.

«Por supuesto que sí, pasen», contestó despreocupadamente señalándonos con un gesto, como la cosa más normal, por dónde ir. Erick solo volteó a mirarme y juntos penetramos a ese mundo que nada más habíamos visto en las películas.

Había muchísimas criaturas como de un año. Al vernos, todos estos bebés comenzaron a hacernos señas para que les levantáramos todos los juguetes tirados al pie de sus cunas. ¿Cuántos bebés serían? ¿Diez, quince? No bien hubimos levantado el primer juguete, cuando se alzó un murmullo de excitación entre las demás criaturas que reclamaban también sus muñequitos, cosa que hicimos mientras los íbamos mirando atentamente. Todos muy aseados y con obvios cuidados, sin embargo, en sus rostros mostraban las huellas del abandono y de la tristeza. Un nudo se me empezó a formar en la garganta. El lugar olía a tristeza. Algunos lloraban, otros se aferraban a una cobijita a falta de un abrazo materno, o languidecían en sus lechos sosegados por alguna enfermedad. Aclaro que el lugar ni estaba ni sucio ni invitaba a la depresión. Lejos estaba de los orfanatos descritos por Charles Dickens, donde reinaban la mugre, el maltrato y la promiscuidad.

Mientras recorría las cunas, mentalmente me preguntaba: ¿Cuál de estas criaturas se podrá parecer a nosotros? Erick, mientras tanto, se había detenido en un corralito donde una pequeña estaba cubierta de pies a cabeza del hule espuma arrancado al colchón. Erick la miraba fijamente. A pesar de su corta edad, su expresión mostraba una dureza y desconfianza extraordinarias. Esto impresionó vivamente a Erick. ¿Cómo era posible que a tan corta edad esa criatura pudiera mostrar ese gesto fiero y a la vez herido? Mientras intentaba acariciarla, Erick comentó: «¡Cómo me gustaría cambiarle a esta niña esa expresión de tristeza en gozo!» Aunque no lo dijo, vio en esa niña algo especial. Sin olvidarla, seguimos recorriendo salones. Había niños mayores. Vimos cómo tenían sus clases, sus uniformes, todo lo que conformaba su vida diaria.

> *Mientras intentaba acariciarla, Erick comentó: «Cómo me gustaría cambiarle a esta niña esa expresión de tristeza en gozo.»*

Al llegar a la sala donde se encontraban las criaturas que comenzaban a caminar, pasamos por una experiencia estremecedora, como nunca hemos vuelto a tener. Al ver que éramos desconocidos, comenzaron a rodearnos, abrazándose a nuestras piernas. Nos gritaban: «ma, pa». Pronto tuvimos como a cinco niños colgados. Los que sabían hablar un poco decían: «Llévame contigo.»

Es difícil describir lo que sentimos en ese momento. Con los ojos brillantes por la emoción, los abrazamos y los besamos a todos. Quería llevármelos sin dejar ni uno. Más tarde nos explicaron que no todos los niños estaban esperando ser adoptados, algunos estarían ahí en tanto sus padres purgaban penas en la cárcel, otros habían venido porque sus padres no los podían mantener y otros más porque sus progenitores, bajo la influencia de algún enervante, los hacían víctimas de salvajes golpizas o abusos. Claro, también se hallaban los abandonados en parques u hospitales. En la mayoría de los casos, al pasar seis meses los padres perdían la patria potestad si no los reclamaban.

Erick y yo salimos profundamente impresionados.

Cuando la directora del albergue se enteró de nuestro recorrido por las instalaciones, casi sufre un infarto. Quiso averiguar quién nos había permitido el paso. Al verla tan alterada, le explicamos lo mucho que nos había servido la visita, de las cosas valiosas que sabíamos ahora y que de corazón le agradecíamos su comprensión. Esto bajó su furor y aunque no muy convencida, ya no quiso mencionar más el asunto.

Al día siguiente, el albergue estaba lleno de avisos prohibiendo terminantemente el acceso al interior del mismo.

2

Trámites para llenar
un corazón

DESPUÉS DE LARGAS entrevistas con la directora y el licenciado, en las que narramos la historia de Paola, nos dieron cita para hacernos exámenes sicológicos. La institución me dejó apabullada por la eficiencia y rapidez con que llevaron nuestro caso. A veces uno piensa que las cosas fuera de nuestro queridísimo país funcionan mejor, pero pronto me di cuenta de que no era así. Tras las atenciones recibidas en el DIF (en la que la mano del Señor estuvo presente), me apené por haber pensado que en México jamás podríamos adoptar.

Nos separaron a Erick y a mí durante los exámenes. De entrada, mi esposo le dijo a la sicóloga que él no creía en tales exámenes que ni siquiera eran de nuestra cultura. Yo casi me desmayo. Quería que todo saliera bien. Con esos comentarios podrían pensar que no estábamos aptos emocionalmente para recibir a una criatura, pero decidí dejar todo en las manos de Dios.

Tras los exámenes, de esos que consisten en dibujos y manchas de tinta y que siempre dejan una sensación de desasosiego por aquello de detectar traumas, complejos o coeficiente intelectual insuficiente, nos informaron que el siguiente paso sería una visita a nuestro hogar de una trabajadora social.

—Perfecto. ¿Y cuándo vendrán? Para estar preparados...

—Eso no se puede decir —respondió la trabajadora sin levantar la mirada de un montón de papeles—, el objetivo es llegar de sorpresa para que no tengan nada preparado y todo sea espontáneo.

—Está bien...

Pasaron varias semanas y nadie se presentó.

La espera fue agobiante.

> *En silencio, la trabajadora social recorrió nuestro departamento. Su ojo clínico y profesional se posaba en todo. ¿Qué pensaría de nuestra casa? ¿La hallaría apta?*

Temía salir justo en el momento en que ellos llegaran y con eso arruinar la visita. Tal vez dejarían pasar otras semanas más y mientras tanto estaba arrestada en mi propio domicilio. Cansada de esperar, tomé el teléfono y marqué.

—¿A quién vas a llamar?

—Al DIF, para que me digan que día piensan venir y a qué hora.

—Gloria —había un amago de paciencia en su voz—, las reglas dicen que eso no es posible.

Y lo mismo dijo la trabajadora social que me contestó, pero insistí, repitiéndole que tenía miedo de no estar cuando se presentaran. Tras mucho porfiar, terminó por decirme el día y la hora. ¿Otra regla quebrantada? Sí. Para Dios no hay imposibles y si bien estábamos llevando todas las cosas en orden, ahora más que nunca la ayuda del Señor se hacía evidente.

En silencio, la trabajadora social recorrió nuestro departamento. Su ojo clínico y profesional se posaba en todo. ¿Qué pensaría de nuestra casa? ¿La hallaría apta? Su rostro no revelaba ninguna reacción. Al entrar al cuarto en el que estaría la criatura, dejó traslucir una gran sorpresa al verla repleta de juguetes.

—Caray, ya tienen todo listo para recibir a la niña, ¿verdad?

Le expliqué entonces que ya habíamos tenido una niña con anterioridad y que por supuesto el cuarto estaba listo para recibir a nuestro nuevo hijo. La trabajadora asintió aprobatoria y siguió con su recorrido. Erick aprovechó esto para susurrarme:

—¿Por qué no le preguntas cómo se llama la niña que vimos la otra vez, la que estaba toda llena de hule espuma?

—Erick —respondí—, eso fue hace casi dos meses. Con los cambios que deben haber ahí adentro, ni sabrá de quién le estamos hablando.

—Puede que no, pero Dios sí lo sabe... —y terminamos preguntándole.

De inmediato la trabajadora nos dio santo y seña de la niña, como si fuera la única habitante de ese albergue. ¿Estaríamos hablando de la misma criatura? Esa noche y de rodillas, le pedimos al Señor que fuera la escogida por nuestro corazón desde la primera visita, recordando con insistencia aquel Salmo cuya sola evocación nos llenaba de esa paz que solo el Señor sabe dar.

Debo aclarar que desde el principio yo deseaba adoptar a alguna criatura con un defecto físico. Sentía que podía ayudarla y amarla aunque no fuese normal. Erick, al enterarse de esto se opuso.

«Gloria, cualquier niño que no sea normal te recordaría a Paola. Hay que amar a un niño que no tuvo la oportunidad de tener unos padres que se ocuparan de él; sacarlo adelante y entregarle todo.»

Tenía razón. Este pensamiento se lo entregué a Dios. No tardé en comprender que extrañaba terriblemente a mi Paola y quería llenar ese gran hueco en mi corazón ayudando a alguien que tuviera algún impedimento físico. Fervientemente deseaba ir a un hospital de niños para abrazarlos y besarlos, pero con mucha sabiduría alguien me dijo: «¿Y qué va a pasar cuando te vayas a casa y los dejes solos? ¿No sería eso peor para ellos?»

Con ese razonamiento y otros que se presentaron, mi idea original se fue desvaneciendo. Sin querer, recordaba lo que me dijera un pediatra durante el funeral de mi hija: «Paola vivió más de lo que tenía que vivir por los cuidados y el amor que le prodigaron.» Desde entonces, esas palabras me impactaron mucho y deseaba ayudar a vivir un poquito más a otros niños con problemas.

Hablamos con el licenciado para investigar si la niña de nuestras inquietudes estaba en adopción.

—Sí, sí, lo está, pero... —el licenciado hizo una pausa como buscando las palabras adecuadas para no herir susceptibilidades—, como ya les había dicho, no se puede escoger. En ese sentido el reglamento es muy estricto. No se puede alterar.

—Debe haber alguna posibilidad —insistí.

—De haberla, la hay... —y agregó enfático—: No se hagan ilusiones.

Cuando colgué el teléfono, no pude reprimir un ¡Aleluya! de alegría. Un ¡Gracias, Padre celestial! Sentía que él estaba en control de la situación, que iba rompiendo puertas, trabas, candados puestos por el hombre o por el diablo.

Durante todo ese tiempo a nadie le comentamos nuestros planes, desde luego, excepto a nuestras familias o a los doctores Pardillo, directores de Amistad Cristiana. Ellos conocían nuestros planes al detalle y oraban por nosotros. Desde la enfermedad de Paola no dejamos de pedirles sus oraciones para sentirnos cubiertos y apoyados por su autoridad.

En alguna ocasión conversé con Carroll Thompson, un siervo grandemente usado por Dios, maestro de su Palabra y autor de libros tan importantes como *Poseed la tierra* y *Heridas del alma*, entre otros. Le hablé de nuestros planes y le pedí su opinión. Pensativo, se acarició la barbilla y luego me clavó su mirada apacible para decirme pausadamente:

—No recomiendo la adopción...

Sentí algo parecido a un baño de agua helada. Me costaba trabajo creer que con esa facilidad dijera algo tan fuerte. Después de todo, sentía paz y mi deseo era muy grande y se remontaba hasta antes de que naciera Paola. Así se lo dije, añadiendo también que Erick sentía el mismo deseo. Le hablé de las Escrituras dadas por el Señor. Además, yo sabía que Carroll y Joyce, su esposa, tuvieron una niña —ahora ya casada— casi como adoptada. Lo que en Estados Unidos se conoce como «foster daughter», es decir, sin papeles de adopción pero que vive en el hogar como uno de los hijos.

Le dije a Carroll nuestros planes y le pedí su opinión. Pensativo, se acarició la barbilla y luego me clavó su mirada apacible para decirme pausadamente: —No recomiendo la adopción...

—Carroll, si no recomienda la adopción, ¿cómo entonces tuvieron ustedes esa niña como si hubiese sido suya?

El hermano Thompson me explicó que al adoptar a una criatura se desconoce por completo su trasfondo espiritual, que a la larga puede ser fuente de severos problemas. No hay modo de saber si los parientes cercanos de esa criatura se dedicaron al ocultismo.

—Si se tiene la fortaleza espiritual suficiente para ayudar a estos niños a salir de su pasado —añadió Carroll—, si están dispuestos a interceder por ellos, no ahora, sino después de tenerlos hasta que alcancen la mayoría de edad, de luchar para sacarlos adelante, de ponerse en la brecha por su espíritu y no bajar nunca la guardia, entonces ese deseo es de Dios.

—Estamos dispuestos, Carroll. Sabemos que van a venir problemas y que no va a ser nada fácil, pero sentimos una gran paz y un inmenso amor que no pueden venir más que del Señor.

—Si es así, adelante...

Carroll siempre fue una inspiración para nosotros, y respetamos muchísimo sus consejos. Antes de dar por terminada la conversación, me dijo que estaría orando por nosotros, detalle que me confortó grandemente. Al llegar a casa, le comenté a Erick lo que dijo el hermano Thompson y sonriendo me dijo:

—Gloria, yo soy la cabeza de este hogar. Si Dios nos abre las puertas para adoptar a esa niña, él me va a pedir cuentas sobre ella, no a ti. De modo que descansa y vamos a seguir orando por sabiduría, para que él nos guíe.

En verdad descansé. No estaba sola ante la grave responsabilidad de rendir cuentas ante Dios por una vida. Aunque Erick había asistido sin falta a todas las citas y exámenes, hasta el momento en que me dijo esto, sentí que él ya estaba preparado para recibir a otra hija, aunque no hubiera salido de mi vientre.

Enviaron a la niña al hospital para practicarle los exámenes de rutina, y pasó un buen tiempo para que nos entregaran los resultados. O bien salían de vacaciones, no se hallaba la doctora encargada de los análisis, o se traspapelaba algo. Durante ese tiempo nos sentimos como en la cuerda floja, sin saber a ciencia cierta qué hacer o para dónde ir. Sabíamos que había que esperar y lo hicimos lo mejor posible. En tanto, seguíamos saliendo a diferentes lugares a ministrar o a cantar. Fue un tiempo realmente hermoso en el que Erick y yo nos acoplamos de manera preciosa.

A veces contábamos la historia de Paola y la gente se sorprendía al vernos tan jóvenes y con una experiencia tan difícil, pero servía de testimonio para poner siempre nuestros ojos en el Señor, no importando cuán difícil fuera el problema. Cada vez que hablábamos de Paola, Dios nos mostraba pequeñas cosas que él hizo y que en el momento no estuvimos conscientes de ello. Ahora al platicarlo, brotaban como hermosas flores de amor y de esperanza. Quizá si él nos hubiera mostrado estos detalles en el tiempo en que Paola vivía, no lo hubiéramos entendido y probablemente habríamos caído en la amargura y el resentimiento.

Al principio, ni Erick ni yo deseábamos estar hablando de lo sucedido constantemente, pues sentíamos que quizá se llegase a percibir en nosotros un amago de dolor: una herida no cicatrizada y en cuyo sufrimiento nos regodeábamos, cosa a todas luces peligrosa. Pero al ver que nuestro testimonio ayudó y ministró a muchísima gente, continuamos. Tal vez porque podemos entender mejor a las personas que han pasado por igual trance y que perdidos aún en el laberinto de una pena tan grande como es la de perder un hijo, no han encontrado la salida como nosotros.

Es importante saber que otros desean hablar de su ser querido ausente, y nadie —esto es regla general— le va a preguntar por él, por aquello de «no poner el dedo en la llaga» o «para no renovar su dolor» Soy de la opinión que uno sí desea hablar libremente de la persona que amó, y si los demás evitan hablar del asunto, o no lo entienden, el doliente puede con facilidad sentir lástima de sí, o encerrarse en la perniciosa burbuja de «nadie quiere saber de mí, ni de mi pena».

Para ilustrar lo anterior, quiero contar lo que nos pasó con un conocido de «Cristo para las Naciones» cuando tuvimos a Paola. En aquel entonces nos fuimos a México y nuestro amigo, su esposa y tres hijos, se quedaron mientras que él terminaba sus estudios. Al poco tiempo de estar en México, nos enteramos que su esposa había muerto de un cáncer fulminante.

No volvimos a saber de esta familia hasta después del fallecimiento de Paola. En alguna ocasión nos encontramos con él, y tanto Erick como yo nos sentíamos incómodos, pues sabíamos de la pérdida de su esposa. Sin embargo, al visitarlo pude apreciar lo que quizá también notaron muchas personas, el grado de alejamiento para no hacernos sentir mal al ver a sus hijos pequeños brincando por todas partes. Entonces pensé: «*Si yo he dicho tanto que uno desea hablar de sus seres queridos, de lo que pasó y de lo que trae uno adentro, ¿por qué no preguntarle a mi amigo por su esposa?*» ¡Qué confirmación tan grande me dio el Señor!

Después de inquirirle, el amigo se desahogó hablando sin parar. Detalló todo lo ocurrido. Nos dijo cómo se sentía. De la repentina y dolorosa soledad en la que se habían envuelto él y sus hijos. De cómo tuvo que hacer las veces de mamá y de los tiempos duros en que los recuerdos y la culpabilidad le atacaron sin hallar a nadie en quien apoyarse. Le escuchamos atentamente. Él describía situaciones muy conocidas por nosotros. Mi mamá estaba presente y ella a su vez le comunicó acerca de la muerte de papá y de cómo Dios la confortó y levantó.

Entre todos le ministramos y le hicimos ver la necesidad que tenía de acercarse a Dios y ser abrazado por él para sentir su gran amor. El director de una congregación observaba, atento y mudo, aquel intercambio de desgarradoras experiencias. Ya estábamos a punto de salir, cuando nos confesó lo sorprendido y estremecido que se encontraba.

«¡Cuánto he aprendido hoy!», dijo. «Nunca había pasado por la muerte de un ser querido y ahora, al escucharlos a todos ustedes por primera vez, ya sé qué decir a las personas de mi congregación cuando se presente una situación así.»

«¿Los análisis? Ah, los resultados de los análisis. Permítame. Antes que cualquier cosa, la genetista quiere hablar con ustedes sobre algo que tiene la niña...»

La sola mención de la palabra «genetista» hizo que mi estómago me diera dos vueltas. ¿Significaba que la niña estaba mala? Colgué el teléfono con un dejo de angustia y se lo comenté a Erick. De momento él no dijo nada, hasta el día en que fuimos a hablar con el doctor. En la puerta del despacho me detuvo y me dijo:

—Gloria, Dios me hizo sentir que si la niña tiene algo malo, ¿quiénes somos nosotros para rechazarla? No vamos por un mueble, sino por un ser humano. Si necesita de nuestra ayuda, se la daremos...

Tras las rigurosas fórmulas de cortesía, el doctor nos comentó que la niña se encontraba perfectamente sana.

—Pero nos dijeron que la genetista quería decirnos algo.

—Sí —repuso el doctor—, darles varias recomendaciones porque la niña, a pesar de tener ya dos años, no habla en lo absoluto y no es porque tenga algún defecto que se lo impida, sencillamente se niega a hacerlo. Soltamos un suspiro de alivio y dimos gracias a Dios. Ya para salir, pedimos ver de nuevo a la niña.

> —*Gloria,*
> *Dios me hizo sentir*
> *que si la niña tiene*
> *algo malo, ¿quiénes*
> *somos nosotros*
> *para rechazarla?*
> *Si necesita nuestra*
> *ayuda, se la*
> *daremos...*

No la habíamos visto en meses. No recordábamos con exactitud cómo era y ni sabíamos si era la misma que vimos por primera vez en aquel corralito. Con creciente nerviosismo esperamos a que nos la trajeran. A través de la ventana podíamos observar a los niños jugando. De pronto, una niña de aspecto muy fino me llamó poderosamente la atención por su peinado —una colita arriba de su cabello—, de idéntica manera a como yo peinaba a Paola y era la única así entre todas las niñas reunidas.

—Les quiero advertir que la niña no está igual a cómo la vieron por primera vez —dijo la directora, para añadir después—, acaba de tener varicela y anda un poco deprimida porque la cambiaron con los niños mayores, dado que ya sabía caminar. Por lo mismo, no ha querido comer y esto, querámoslo o no, influye sobremanera en su aspecto.

La advertencia quedó flotando en el aire como un fantasma, preparándonos anímicamente para ver a la niña. Alguien se acercaba ya con ella.

Sí, era la misma niña. Nos quedamos pasmados al verla. Estaba delgadísima, casi sin pelo y con muchas manchas por todo su cuerpecito a causa de la desnutrición.

Sí, era la misma niña del corral, y también la criatura peinada con la colita en la cabeza. Nos quedamos pasmados al verla. Estaba delgadísima, casi sin pelo y con muchas manchas por todo su pequeño cuerpo a causa de la desnutrición. Por si fuera poco, aún le quedaban algunas ronchas de la varicela, en verdad su aspecto era deprimente. Cuando nos la dieron, la niña evitaba mirarnos a los ojos y se estrujaba con angustia sus manitas. Con gran inseguridad y temor se fue con nosotros al sillón de la sala de espera en donde intentamos, sin mucho éxito, llamarle la atención. Nos enterneció sobremanera y no podíamos comunicarnos entre Erick y yo, pues sentíamos en nuestras espaldas las miradas de la directora y de todo el personal, quienes observaban atentos y en silencio nuestras reacciones, aunque esto lo supe después. La niña para nada se abrió. Solo se limitó a darnos y a quitarnos un juguete que tenía entre sus manos. Ya para finalizar la visita, mostró una tímida sonrisa cuando jugaba al caballito con Erick.

—¿Y bien? —nos preguntó la directora una vez que se marchó la niña.

—Ya no queremos ver a ninguna otra criatura. Deseamos únicamente a esa niña.

La directora asintió levemente y dijo que ahora solo faltaría tener una junta entre el licenciado, la sicóloga, el doctor y ella para evaluar nuestro caso.

No salí tranquila de ahí. De alguna manera sentía que no habíamos causado buena impresión y que el veredicto sería adverso. Todo el día me la pasé orando hasta que el Señor me mostró un pasaje que impactó nuevamente mi corazón. Se hallaba en Cantar de los Cantares 1:6-7:

> No reparéis en que soy morena, porque el sol me miró. Los hijos de mi madre se airaron contra mí; me pusieron a cuidar viñas; y mi viña, que era mía, no guardé. Hazme saber, oh tú a quien ama mi alma, dónde apacientas, dónde sesteas al mediodía; pues ¿por qué había de estar yo como errante junto a los rebaños de tus compañeros?

> *No salí tranquila de ahí. De alguna manera sentía que no habíamos causado buena impresión y que el veredicto sería adverso. Todo el día me la pasé orando.*

No quiero decir «Dios me dijo», sacando un texto de su contexto (cosa bastante absurda e insensata). Sin embargo, al leer esas líneas cargadas de belleza, poesía y sapiencia, el Señor me daba a entender que esa niña era mía y que si pudiera hablar, tal vez me diría: «No importa mi apariencia. Mi familia me rechazó. No pude habitar en mi casa y si dices que tanto me amas y que deseas adoptarme, dime dónde vives, en dónde duermes para que yo viva y duerma ahí también. ¿Por qué debo andar errante y no disfrutar de lo que tú me puedes dar?»

3

Llega Rebeca

LA MAÑANA ERA FRÍA y el lugar lo era más. Cuando nos la entregaron, sus manitas estaban heladas. La directora me dijo que si lo deseaba, le podía cambiar los pañales. Accedí. Cuando le quité los pañales mojados, sentí un escalofrío terrible al ver que toda la parte del cuerpo que quedaba cubierta por el pañal estaba llena de manchas blancas como si la hubieran quemado. Mi imaginación se desató. Clamé mentalmente: «Señor, que no la hayan quemado. Que no sea lo que estoy pensando.» Mientras tanto la directora me observaba atenta y en silencio. (Gracias al cielo que Fernando, mi amado pediatra, al revisarla me dijo que eso era causa del simple descuido al no cambiarle los pañales más seguido y que se le quitaría pronto, cosa que así sucedió.) Después de semanas de juntas interminables y de todas las trabas posibles, por fin llegó el gran día. El doctor del DIF la pesó. Tan solo ocho kilogramos y presuntamente le calculaban dos años con tres meses de edad. Era tan pequeña y tan frágil, que dudaba que tuviera esa edad. El doctor nos explicó que la edad se calcula por los dientes. Se nos entregaron los papeles de custodia por solo tres meses. Los definitivos vendrían después.

«¿Es todo?», aún estábamos incrédulos.

«Es todo, ¡felicidades!»

Salimos del lugar sintiéndonos rarísimos y extrañamente privilegiados. Una vez más éramos muy bendecidos por la amorosa mano del Señor. Arropé a la niña y sentí cómo me abrazaba por el cuello en muda aceptación. A partir de ese momento comenzamos a llamarla Rebeca.

Rebeca nunca se sintió extraña. Desde el primer instante disfrutó de la casa y de todo lo que en ella había. Estaba feliz con sus juguetes y al darle las medicinas y el alimento, pronto comenzamos a notar cambios increíbles en ella.

¿Se puede imaginar alguien la sensación tan peculiar que sentí al verme de repente con una criatura en mis brazos. . . a una criatura mía? Sentía amor y temor al mismo tiempo. Como siempre, Fernando me ayudó muchísimo.

«Gloria, no te puedes enamorar de nadie de un día para otro. Dale tiempo y ella conquistará tu corazón y tú el de ella. Poco a poco se acomodará, pero todo es cuestión de tiempo.»

Rebeca nunca se sintió extraña. Desde el primer instante en que llegó a la casa disfrutó de la misma y de todo lo que en ella había. Estaba feliz con sus juguetes y pronto comenzamos a notar cambios increíbles al darle las medicinas y el alimento. Estaba acostumbrada a comer tortilla con frijoles y rechazaba cualquier otra cosa. Muy lentamente, comenzó a aceptar otro tipo de comida. Le variábamos los sabores y hacíamos de la hora de la comida todo un acontecimiento. Nos costó mucho trabajo descubrir sus gustos. Toda mi familia le dio una bienvenida sensacional.

Las mujeres del grupo de estudio bíblico de la casa de mi mamá me hicieron una fiesta para recibir a la bebita y Rebeca tuvo aun más juguetes y cosas. Todo el mundo estaba feliz y sorprendido de que fuésemos padres de nuevo.

¡Ella floreció!

Había sido como una flor marchita que repentinamente resucita. Estábamos muy orgullosos de nuestra bebita. Pronto comenzó a hablar. De inmediato le dijo «papá» a Erick. A mí, tardó más en darme el título de mamá. Después de haber tenido tantas cuidadoras, de seguro pensaba que yo era una nueva «señora», pero Erick sí era novedad.

Quiero explicar lo que para nosotros significó la adopción de Rebeca en comparación con lo que Jesús hizo por usted y por mí.

Así como estaba ella, sufriendo de suciedad, de enfermedad, de desnutrición y abandono, así nos encontró el Señor: sucios de pecado, enfermos sin su presencia, más muertos que vivos y desnutridos de su Espíritu y de su palabra. Abandonados y heridos.

Así hallamos a Rebeca.

La limpiamos, la vestimos, le dimos un hogar, comida y protección de padres. Así el Señor nos rescató por su sangre, nos limpió de pecado y nos dio vestiduras blancas, dignas para hacernos morar con él, nos cubrió con sus alas y nos protegió.

Rebeca no tenía nombre, ni apellidos, ni familia. Nosotros le dimos todo eso y pasó a formar parte de una familia con abuelos, tíos, primos y, lo más importante, con padres. Ahora tiene los mismos derechos de hija como los tuvo Paola. En mis oídos resonaban las palabras del Señor: «Yo te puse nombre. Hijo mío eres tú.» Rebeca se adoptó como Dios nos adoptó a nosotros.

Todo era nuevo para ella.

Se sorprendía con las mínimas cosas y lo desconocido le causaba una gran curiosidad, pues veía que todo era bueno. Disfrutaba cada objeto que le enseñábamos, aunque a veces

Recuerdo la primera vez que la llevé al supermercado y al quererla sentar en el sitio destinado a los pequeños en el carrito, Rebeca comenzó a llorar. No sabía lo que era eso. La tuve que obligar a sentarse para luego pasearla rápidamente por toda la tienda. Por supuesto que después le fascinó y entonces el problema era obligarla a dejar el carrito.

mostraba recelo por no saber exactamente lo que era ni para qué servía. Recuerdo en particular la primera vez que la llevé al supermercado y al quererla sentar en el sitio destinado a los pequeños en el carrito, Rebeca comenzó a llorar. No sabía lo que era eso. La tuve que obligar a sentarse para luego pasearla rápidamente por toda la tienda. Por supuesto que después le fascinó y entonces el problema era obligarla a dejar el carrito.

Otro día la llevé a un enorme centro comercial. Necesitaba zapatos y busqué unos muy especiales para ella. Rebeca entró con aire de suspicacia, recelo que luego se tornó en sorpresa. Todo era muy llamativo. Al pasar por un establecimiento de donde salía una música muy intensa, ¡se puso a bailar! Se veía tan graciosa y creo que fue la primera vez que tuvo una reacción tan espontánea. Me llené de gozo al verla disfrutar lo que para nosotros es tan rutinario.

También para nosotros todo era nuevo. Me sorprendía de las cosas que hacía. Nunca había observado el crecimiento de una criatura. Mi Paola nunca hizo nada de lo que ahora hacía Rebeca. Mi mamá solo se reía.

«Gloria», decía ella, «suelen crecer.»

Nos enternecimos sobremanera cuando comenzó a hablar. ¿Qué hubiera sido de esta niña si no la hubiésemos adoptado? De solo pensarlo me llenaba de orgullo, pero también de una gran responsabilidad.

El primer mes avanzó de manera espectacular.

Pasado este lapso, la tuvimos que llevar de nuevo a la Casa Cuna debido a los trámites. Hay que regresar tres veces antes de recibir los papeles definitivos de adopción, y llegamos muy orgullosos con una niña a todas luces cien por cien mejor de como la recibimos. Llena de vida, preciosa y muy inteligente. Cuando llegamos, me dediqué a observar sus reacciones. Rebeca iba muy contenta y así se mantuvo en las oficinas, hasta que vio a los niños y a las maestras que se acercaron a nosotros. Comenzó a angustiarse terriblemente. Volteó a mirarme y se me abrazó con tal desesperación sin dejar de llorar, que se me formó un nudo en la garganta. La cargué mientras no cesaba de musitarle: «No te voy a dejar, hijita, no te voy a dejar.»

De nuevo la directora nos observaba atenta y silenciosa. Punto a nuestro favor. Observó que la niña estaba perfectamente acoplada a nosotros, para eso son las citas, para constatarlo. Vio que Rebeca había mejorado notablemente y que nos hallábamos contentos, así que nos citó para el siguiente mes.

Volvimos al mes siguiente y la escena se repitió.

Lo mucho o poco que se había avanzado, se desplomaba con estas visitas, le angustiaban sobremanera y nosotros sufríamos al verla llorar en forma tan desgarradora. Seguramente se imaginaba que la íbamos a abandonar. Hablé con el licenciado y le supliqué que no nos hiciera ir de nuevo.

> *Cuando arribamos a la Casa Cuna, me dediqué a observar sus reacciones. Rebeca iba muy contenta y así se mantuvo en las oficinas, hasta que vio a los niños y a las maestras que se acercaron a nosotros. Comenzó a angustiarse terriblemente.*

«No voy a volver de nuevo. Creo que es obvio que la niña está bien. No la torture haciéndola regresar. Por favor, por lo que más quiera, que ya cesen estas visitas. No se puede imaginar cuánto retrocede cada vez que la traigo aquí...»

El licenciado musitó algo de que los trámites y las reglas se deben respetar, pero terminó dándonos el sí. De nuevo las reglas se quebraron. Nos dijo qué papeles y testigos había que llevar ante el juez para que este dictaminara que Rebeca ya era legalmente nuestra.

Nos presentamos con unos amigos muy queridos: Vicky y Manuel. Ellos se sentían honrados de fungir como testigos de tan importante acontecimiento. Les preguntaron si nos conocían, lo que habían visto desde que Rebeca estaba con nosotros y cosas así. A nosotros nos preguntaron cómo nos sentíamos con la niña. Respondimos de inmediato: «La niña es nuestra.»

En pocas horas tuvimos todo. Registramos a Rebeca con nuestros apellidos.

4

Las cosas no son
tan sencillas

Rebeca tenía situaciones que arreglar.
Poco después de entrar a la escuela, al cumplir los tres
años, requirió de terapias de lenguaje y de otras cosas que
no había desarrollado para su edad. Era muy activa y en la
escuela no podía mantenerse sentada más de un minuto.
Era dinamita pura. Las maestras, al compararla con sus
otros alumnos, batallaban colosalmente para captar algo
de su atención, pues ella se encontraba en otro mundo. Si
alguien pasaba por la ventana del salón, Rebeca de inmediato se paraba y se iba con esa persona, sin importarle a
dónde. Conocía a mucha gente. La escuela es parte de la
congregación en donde servimos al Señor y ella era muy conocida por todos y todos por ella, así que no tenía límites,
como tampoco sabía que estaba infringiendo una disciplina. Ahí salía la maestra detrás de ella y con trabajos la regresaba, para nuevamente tratar de captar su atención.
Esto no estaba bien y con la recomendación del pediatra, la sometimos a terapia. Me desanimé, pensaba que
este proceso sería muy lento y todo hacía que recordáramos

> *Realmente había comenzado a vivir a partir del tiempo que vino a vivir con nosotros. De modo que había que tener mucha paciencia y aceptación, porque ahora dependía de nosotros sacarla adelante y vencer esos años sin infancia, que son tan vitales para todos los niños.*

lo que pasamos con Paola y las terapias, pero pronto me di cuenta que Rebeca sí avanzaba. Recordé que era otra niña, quizá con otros problemas, pero ella sí iba a salir adelante. De modo que nos interesamos mucho en la terapia.

Así fue creciendo mi niña, adaptándose a nuestro paso, pues nuestra vida no era nada tranquila. Viajábamos mucho y la llevábamos a todas partes. Era muy inquieta en todo, pero nunca nos pesó, ya que habíamos conocido el otro lado de la moneda, una niña que nunca hizo nada de lo que hacía Rebeca, pero aun así, seguía siendo demasiado activa, como no lo eran las criaturas de su edad. Sin cesar, Fernando nos recordaba que los dos años que estuvo sin nosotros fueron muy importantes para su formación y que ahora había que recuperar ese tiempo perdido. El rechazo que tal vez experimentó desde el vientre de su madre y después el abandono, hicieron que en lugar de tener tres años, apenas tuviese uno, pues realmente había comenzado a vivir a partir del tiempo que vino con nosotros. De modo que había que tener mucha paciencia y aceptación. Ahora dependía de nosotros sacarla adelante y vencer esos dos años sin infancia que son tan vitales para todos los niños.

También tratamos de disciplinarla con la «vara de la corrección». Fue difícil, pero poco a poco teníamos que hacerla sentir en familia con todo, incluso la disciplina. A veces nos desesperábamos. Al recogerla de los salones de niños, ya fuera de la congregación a la que asistíamos o del lugar que visitáramos, invariablemente recibíamos la letanía sobre el mal comportamiento de Rebeca. Nos sentíamos apenados, pues deseábamos que fuera lo contrario, pero todo era resultado del sufrimiento recibido durante su temprana edad. Teníamos la seguridad de que esta situación sería pasajera.

Desde el principio, le quisimos decir que era adoptada. Sabíamos que esto era algo que tarde o temprano tenía que saber. Y éramos nosotros quienes teníamos que hacerlo, de otra manera alguien se lo diría. Todo nuestro mundo giraba alrededor de la congregación y de la misma escuela. La conocían todos y no quería que nadie la sorprendiera o hiriera con esa revelación. Así que desde siempre supo que era una niña escogida. Erick abrigaba sus dudas al respecto. Pensaba que ella no lo entendería, pero se lo explicó de un modo tan natural que pronto, a su edad y a su entender, nos dimos cuenta de que lo había asimilado perfectamente.

En cierta ocasión, le narraba la historia de Moisés. De cómo su mamá lo puso en esa canastita y la hija del Faraón al verlo exclamó: «¡Qué hermoso niño, lo quiero como mío!» Rebeca me interrumpió para decir: «Y lo adoptó, como ustedes a mí...»

En cierta ocasión, le narraba la historia de Moisés. De cómo su mamá lo puso en esa canastita y la hija del Faraón al verlo exclamó: «¡Qué hermoso niño, lo quiero como mío!»

Rebeca me interrumpió para decir: «Y lo adoptó, como ustedes a mí...»

¡Qué bueno! Me sentí muy bien al ver que lo tomaba así, como algo especial escogida primeramente por Dios y después por nosotros. Conforme crecía, hacía más preguntas y, según mi comprensión, las hizo antes de tiempo. (Como por ejemplo, si ella había estado en mi vientre.) Nunca esperé una pregunta como esta.

—Entonces, ¿de qué barriga salí?

Le dije que del vientre de otra señora, mientras yo sudaba frío pensando qué preguntas seguirían después.

—¿Y dónde está esa señora?

—No sé. Sin embargo, fue alguien especial que te tuvo para que fueras nuestra —añadí—. Te escogimos, eres preciosa, eres nuestra hija y eso es lo importante.

Por fortuna, se quedó muy tranquila, aunque después siguió preguntando cosas conforme le relataba cómo ella llegó hasta nosotros. Se le fue haciendo natural y eso es lo que se debe hacer. Dijimos la verdad de acuerdo a su nivel y pensamos que más tarde, cuando tuviera edad para querer buscar a sus padres biológicos, estaríamos siempre dispuestos a ayudarla con la conciencia tranquila de que siempre se le dijo la verdad.

5

Sorpresas que da la vida

«¿QUE ESTOY QUÉ?»
La prueba del embarazo había salido positiva. No podía
creerlo. Durante tanto tiempo habíamos deseado esto y por
fin había llegado la hora. ¡Cómo dudé que esto llegara a suceder! Había perdido la esperanza, pues siempre nuestra
oración fue: «Señor, hágase tu voluntad y no la nuestra, deseamos que el bebé venga sano en tu tiempo», aunque parecía que ese tiempo no llegaba.

Conocíamos los riesgos. Los médicos ya nos habían ad-
vertido de que la enfermedad de Paola podría repetirse. Teníamos un veinticinco por ciento de las probabilidades de
que esto sucediese. Es decir, de un embarazo en cuatro, el
bebé podía venir con la misma enzima baja causante de la
lipidosis y de que se presentara el mismo desenlace fatal.
La verdad, el porcentaje no se nos hizo grave. Realmente,
un setenta y cinco por ciento suena alto, por lo que decidimos tenerlo y así no recurrir a la inseminación artificial,
sistema que consideramos contranatural, aunque respetamos profundamente a las personas que recurren a él. En

> *En medio de salidas, viajes, conciertos, compromisos... Rebeca nos acompañaba. Era feliz. Nunca resistió, ni se quejó de semejante trajín porque tenía un espíritu libre y esto se reflejaba en todo su ser. Era una niña muy sociable.*

nuestro caso, ya habíamos adoptado a Rebeca y así cubierto una de las opciones para tener familia. Habíamos orado pidiendo otra hija, corriendo el riesgo, pero con el respaldo de Dios. Me habían hecho varios estudios para que me pudiera embarazar y nada había sucedido. Nada hasta ahora.

Erick tampoco lo podía creer. Sin embargo, predicó acerca de la fidelidad de Dios. Habían pasado tres años desde la muerte de Paola y aún con ella viva, habíamos dejado de cuidarnos para tener otro bebé sin que nada sucediera. Llegamos hasta ponernos un plazo que por cierto, en esta fecha terminaba. Había dudado y ello me hacía sentir mal por no haber confiado lo suficiente en el Señor.

Nuestra vida siguió igual de agitada. Yo cantaba y Erick predicaba en sitios que nunca nos hubiéramos imaginado. Era la primera vez que nuestros pastores nos confiaban y recomendaban a otros lugares, lo que revolucionó nuestra existencia. A esas alturas, ya tenía dos casetes de música cristiana que con la ayuda de mis hermanos logramos sacar. Esto nos llenó de gran satisfacción, pues sentíamos estar sembrando en lugares diferentes, con personas muy distintas a las que estábamos acostumbrados en nuestra congregación. Pudimos convivir y conocer a líderes cristianos que solo habíamos visto de invitados en Amistad Cristiana, siendo una vital experiencia el visitarlos en sus propias congregaciones y tratarlos personalmente.

Las puertas se nos fueron abriendo de manera sorprendente, ya que no habíamos salido desde la muerte de nuestra hija. En medio de salidas, viajes, conciertos, compromisos en congregaciones, iglesias, reuniones, cenas y demás compromisos, Rebeca nos acompañaba. Era feliz. Nunca resistió, ni se quejó de semejante trajín porque tenía un espíritu libre y esto se reflejaba en todo su ser. Rebeca era una niña muy sociable. Si le ofrecían los brazos, se iba con cualquiera. Claro, constantemente teníamos que estar encima de ella, pues su libertad nos preocupaba, pero verla así, tan llena de vida y con salud, nos llenaba de felicidad.

Deseaba tanto tener una hermana que cuando supo que estábamos esperando un bebé, aseguraba que sería niña. Me agradaba oírla tan segura y tan contenta. Preguntaba cuándo vendría y nunca se imaginó que delante de sus ojos oscuros y encantadores, vería mi vientre crecer y sentiría a su hermana moverse adentro.

Luchaba mucho en mi interior. Sentía que había defraudado a Dios con mi incredulidad y por un momento supe lo que Sara habría sentido cuando el Señor, en persona, le había comunicado que tendría un hijo. Ella soltó la carcajada, aunque sin duda después, al ver su vientre crecer, se sintió como yo: avergonzada.

Después de los primeros tres meses ya todo era más seguro. Mi doctor había comentado que con tantos abortos, uno

A menudo cantaba una canción, que Erick y yo hicimos, acerca del aborto y que se titula: «Quiero vivir.» Me gozaba cantándola, pues podía dar testimonio de que cuando Dios sopla vida, él es quien la da y solo él tiene poder para quitarla.

nunca estaba seguro si el bebé se lograse o no. A menudo yo cantaba una canción, que Erick y yo hicimos, acerca del

aborto y que se titula: «*Quiero vivir*.» Me gozaba cantándola, pues podía dar testimonio de que cuando Dios sopla
vida, él es quien la da y solo él tiene poder para quitarla. En
fin, me encantaba ministrar acerca de este tema.

Pronto hubo necesidad de hacerme el ultrasonido. Al
conocer los médicos mis antecedentes sobre Paola, sugirie-
ron que sería bueno hacerme el análisis de líquido amnióti-
co para comprobar si el bebé venía bien o no. Me opuse.
«Yo jamás abortaría a mi bebé. Aunque venga mal, lo
tendré.»

Más de un doctor se rascó pensativo la sien. Me admiraban y aunque ninguno lo comentó, veía en su mirada el deseo de: «Dios quiera que esta señora tenga un bebé sano.
¡Qué modo de arriesgarse!»

«Bueno, señora», invariablemente decían, «es su decisión y nosotros la respetamos.» Les faltaba añadir: «Allá
usted.»

Y con más ganas cantaba mi pequeña canción, cantando
acerca de nuestra vida con Paola y del riesgo que tomába-
mos. La gente salía bendecida pues nunca se imaginaban
que habíamos pasado por algo tan fuerte y, lo de más impacto era ver cómo eran ministrados, no por nosotros, sino
por lo que Dios había hecho en nuestras vidas.

Esto me llenaba de gozo. ¿Cómo entender a los demás,
sus problemas, aflicciones y quebrantos, si jamás hubiésemos atravesado por ese valle de sombras agarrados de la
mano de Dios?

Una vez tras otra, las personas se acercaron para orar
por nosotros y por nuestra bebita. Me sentía muy tranquila, en paz, al verlas enternecidas, agradecida porque se in-
teresaran en ser parte de nuestro gran regalo. Así que per-
mití que impusieran sus manos sobre mi vientre, orando
con fervor. Sucedió con tanta frecuencia que acababa cansada de tanto sonreír y llegó incluso a afligirme. Sin embargo, entendí siempre las buenas intenciones y la hermosa
voluntad de las personas que nos amaban y deseaban ver
ese bebé que tanto nos profetizaron. Sí, nuevamente hubo
profecías. Veían niños con ojos azules, niñas con ojos ver-

des iguales a los de mi mamá, predicadores, niñas que cantaban. Un sinnúmero de visiones que aceptaba con gratitud, pero al ver la variedad tan extensa de las mismas, llegué a tener mis dudas. Nunca quise desairar a nadie. Sabía que Dios tenía todo bajo control y, así como con Paola, nos rescató de la amargura y el resentimiento de las muchas palabras recibidas referentes a su sanidad, también lo haría esta vez, no importando si el bebé tenía los ojos verdes, azules o de color café.

PARÉNTESIS: EL AMOR PROPIO

Deseaba de todo corazón que Rebeca no sufriera.

Me repitieron tanto: «Va a ser rubia», «No, es un niño rubio», y sin saberlo las personas me mostraban sus valores. Rebeca, aunque preciosa, no era rubia y lo que menos deseaba era que existieran diferencias entre un hijo y otro. Sufrí esto y cuando acepté al Señor, él me libró de todos los complejos surgidos de: «No ser como...»

De pequeña me comparaban con Vivi, mi hermana. Ella tiene los ojos azules y siempre fue delgada, esbelta. Mis ojos son de color café y me la pasaba a dieta en un esfuerzo por combatir mi robustez innata. Aunque ambas somos rubias, de la misma familia y con diferencias no muy marcadas, la gente se la pasaba halagando a Vivi. Cuando no era el físico, eran las calificaciones o por cualquier otra cosa que yo no tuviera. Esto para mí comenzó a ser una larga y penosa tortura. Fuimos creciendo así.

Tendría yo seis años de edad, cuando un día le dije a mi mamá:

—Mami, yo no soy bonita, ¿verdad?

Ella me lanzó una mirada llena de extrañeza, para luego preguntar de dónde había sacado semejante idea.

—Es que todo el mundo halaga a Vivi y a mí no —la voz me tembló.

Mamá sonrió como solo ella sabe hacerlo y me preguntó:

—¿Tu crees que yo soy bonita?

Tendría yo seis años de edad, cuando un día le dije a mi mamá:
—Mami, yo no soy bonita, ¿verdad?
Mi mamá sonrió como solo ella sabe hacerlo y me preguntó:
—¿Tú crees que yo soy bonita?
—Ay, mamá, ¡pero por supuesto que lo eres, y mucho!
Ella entonces me abrazó y dijo estas palabras que se me quedaron grabadas para siempre:
—Pues te pareces a mí...

—Ay, mamá, ¡pero por supuesto que lo eres, y mucho!

Ella entonces me abrazó y dijo estas palabras que se me quedaron grabadas para siempre:

—Pues te pareces a mí...

Esa respuesta fue lo máximo para mí. Y en adelante, cada vez que alguien llegaba a halagar a mi hermana, yo de inmediato les respondía:

«¡Sí, pero yo me parezco a mi mamá!»

Fue una solución momentánea que perdió eficacia en la escuela cuando los maestros, al ver mis calificaciones, soltaban invariablemente: «¿Por qué no eres tan aplicada como tu hermana Vivi? ¿Ya viste las calificaciones de tu hermano Eddie? ¿Qué pasa contigo? Si son hermanos...»

Mis hermanos se la pasaban figurando en los cuadros de honor y yo... mirando esos cuadros. Al principio, esto fue un reto. Después decidí que ellos serían los aplicados y yo la «burra» de la familia. De nuevo mi mamá salió al rescate y nos cambió a todos de escuela para evitar las comparaciones traumatizantes. A mí me tocó una escuela que poseía un gimnasio increíble, con piscina deportiva olímpica y todo lo demás. Mi mamá, tras examinar las instalaciones y de verificar el nivel académico, me detuvo para decirme:

«Aquí estás sola. No hay competencias con nadie. Enséñame lo que puedes hacer...»

Y así fue. Me superé mucho y no tardé en saber lo que se sentía al figurar en los cuadros de honor (cosa muy difícil de lograr, pero muy satisfactoria). Era una escuela para personas adineradas. Papá tenía un excelente puesto y ganaba mucho dinero, hasta que vinieron las vacas flacas y paulatinamente comenzaron a desaparecer algunos privilegios. Aunque permanecí en esa escuela, nos tuvimos que mudar a una casa más modesta y se recortaron muchas cosas. La situación económica empeoró y lo que era común como viajar, se dejó de hacer. De seguir boyantes, sin duda hubiéramos sido unos «juniors». Papi nos lo daba todo.

Sin embargo, gracias a esta difícil situación aprendimos a valorar hasta la más mínima de las cosas. Tuve que aprender a transportarme en autobús para llegar a la escuela o a cualquier otro sitio que deseara. También comencé a negarme a hacerlo porque mis amigas tenían chofer y una serie de lujos que yo ya no tenía. Quería ser como ellas. Mi mamá no tardó en quitarme las ínfulas de grandeza y me hizo sumamente independiente. Aprendí cosas que en otras circunstancias no hubiera hecho. Luchamos mucho, pero también aprendimos mucho.

En cierta ocasión, todas mis amigas salieron de viaje. Muchas se fueron al extranjero y yo, por supuesto, me quedé solo mirando. Le comenté a mi mamá sobre esta sensación de desamparo y pobreza.

«Es que yo no puedo participar de las conversaciones de mis amigas, mamá», me quejé. «Las más ricas se van a Estados Unidos, otras a Europa y una hasta se fue al África. Todas menos yo. Cuando me pregunten, ¿qué les voy a decir?»

Mi mamá me miró muy tranquila. Pensó muy bien la respuesta y dijo: «Diles que nosotros nos quedamos en la ciudad porque durante las vacaciones la ciudad se queda vacía y se puede disfrutar increíblemente.»

Lo dijo con tanta seguridad, así es siempre, que no cuestioné nada. Sus palabras eran ley. Así que yo estaba muy tranquila cuando mis amistades regresaron y se dedicaron a describir con lujo de detalles los sitios que habían visitado.

Mamá era mi refugio. Era el pararrayos de los arrebatos de mi papá. Él era un hombre bueno que nos amaba mucho, pero su alcoholismo le impedía demostrar su afecto en forma normal.

«¿Y tú, Gloria? ¿Adónde fuiste?»

Les di la respuesta de mamá y se quedaron mudas. No la esperaban. Alguna comentó: «Ha de ser bueno disfrutar de la ciudad vacía...»

Una vez más, mamá rescató a Gloria de sus temores y angustias. Sin embargo, aún tenía muchos complejos que superar, entre ellos saberme «gorda» (no lo estaba tanto, pero así me veía y no había poder en el mundo que me hiciera cambiar de idea). Mucha gente, sin querer, me había alimentado este complejo, aunque gozaba de la aceptación de mis padres.

Un día papá llegó cansado y hambriento. Yo me encontraba muy a gusto devorando unas ricas galletas saladas con mantequilla —tendría unos diez años— y papá, con ese mal humor que lo caracterizaba, me vio con enojo para luego espetarle a mamá:

«¿A qué hora comemos? ¿Y qué hace esta niña tragando galletas? ¿No está ya lo suficientemente pasada de peso para que encima de eso se la pase comiendo galletas?»

Estoy segura que no quería herirme. Lo que dijo fue en un momento de fatiga y de sorda desesperación, pero me hirió muchísimo. Dejé de comer, sintiéndome la niña más horripilante del planeta. La poca estima que tenía de mí misma se vino abajo. ¿Quién me iba a aceptar si mi propio padre no lo hacía? Al mirarme en el espejo, mis ojos de inmediato se fijaban en mi estómago. «It's baby fat [Es gordura de bebé]», decía mi madre al notar mi mirada ansiosa. «Cuando crezcas, se te va a quitar, no te preocupes...» Mamá era mi refugio. Era el pararrayos de los arrebatos de mi papá. Él era un hombre bueno que nos amaba mucho, pero su alcoholismo le impedía demostrar su afecto en forma normal. La imagen de mi padre se fue distorsionando por su manera de beber.

Fuimos creciendo. Vivi comenzó a trabajar desde los dieciséis años. La situación económica, lejos de mejorar, fue empeorando y ella aportaba dinero a la casa para ayudar con algo en la crisis. Vivi es tres años mayor y yo seguía pensando que era la consentida. Claro, le tienen preferencia porque da «lana» a la casa, así pensaba. En cambio yo... en realidad, por ser ella la mayor tenía más responsabilidades y junto con esas responsabilidades, algunos beneficios. Yo solo veía esos beneficios.

Aunque siempre me habían comparado con mi hermana o con Eddie, nunca lo hicieron con Roberto, el hijo mayor. Al observar su actitud de desafío y rebeldía, creció mi simpatía por él. Roberto estaba en contra de la sociedad, de lo tradicional. Papá era estricto, pero a mí me parecía que lo era más con él. Roberto contestaba siempre con indiferencia. No le importaban regaños ni llamadas de atención. Un día lo castigaron porque había tomado sin permiso el automóvil de papá. Lo puso barrido y regado. Fue tan violenta la regañada y tan duro el castigo, que no dejé de sentir preocupación por mi hermano. Después de un rato, Roberto ya estaba encerrado en su cuarto y escuché cómo tocaba su guitarra. Me asomé con cuidado.

«Oye, te regañaron horriblemente. ¿No te sientes mal?» Roberto esbozó una débil sonrisa. «Sí», repuso, pero lo bailado nadie me lo quita»; y siguió tocando su guitarra. Nunca olvidé esa respuesta. De pronto, quise ser como él.

Tendría trece años cuando comencé a cantar en un grupo de rock con Roberto. Mis padres no se opusieron, pues sabían que mi hermano ni se drogaba, ni bebía. De alguna manera sentían que yo estaba en buenas manos. Llegábamos tarde y no había problema. Mis padres estaban tan ocupados con sus problemas y diferencias, que poco a poco fueron soltándonos las riendas. Mi padre bebía cada vez más. Estaba lleno de deudas y mamá pronto comenzó a trabajar. Literalmente se mataba día y noche dando clases de inglés. Ella nunca había trabajado, pero viendo que papá había perdido todo y su vicio iba en aumento, no pudo aguantar más y se lanzó al mundo del trabajo. Quizá en una forma de huir de ese nido de problemas que era mi hogar y para sacarnos adelante.

6

¿Este es el mundo
que quiero?

CON ROBERTO CONOCÍ el medio artístico. Él
había participado en una obra profesional y pronto me co-
nectó con personas del mundillo de la farándula. No tardé
en aparecer en obras de teatro. Estudiaba y al mismo tiempo trabajaba para pagar mis estudios. Dentro de ese ambiente conocí muchas cosas que no dije por temor de
asustar a mis padres. Comencé a beber. Poco. Solo en fiestas o a escondidas.

Tuve un novio a los dieciséis años, también del medio y,
al sentirme amada por alguien, me elevé. No me importó
que fuera un patán que a cada rato me rompía el corazón,
dejándome muy mal herida y lista para conocer a otros pa-
tanes. Mi amor propio estaba bastante dañado y me sentía
muy insignificante. Mis logros no llenaban ese vacío inter-
no que con el tiempo parecía hacerse cada vez más
profundo y abismal. Probablemente, mis amigos del teatro
se encontraban igual o peor que yo, pero nunca quise reco-
nocerlo delante de ellos. Mientras tanto, Vivi conocía al
amor de su vida, al novio de toda la vida, con quien poste-

> *Mamá regresó de un largo viaje. Había algo luminoso en su mirada. La tensión y la ansiedad parecían haberse desvanecido de su rostro. Se le notaba impaciente... hasta que nos reunió a todos para decirnos que había conocido a Cristo de regreso en el avión.*

riormente se casó. ¿Yo? Más destruida y más hundida. Quería demostrar al mundo que yo era diferente. Quitarme el estigma de ser «Gloria, la hermana de Vivi». Esto me llenaba de rabia y pensaba que en un medio tan opuesto al de ella, yo sería diferente.

De alguna manera lo logré... ¡Pero a qué precio! El ambiente era terrible. Había directores experimentales que nos obligaban a hacer cosas terribles en nombre del arte. Ejercicios teatrales muy reales que me callaba, escurriéndome de la cantaleta abrumadora: «¿Dónde estabas, con quién fuiste, quién te trajo, con quién vas a salir, por qué llegas tan tarde?», etc.

Para este entonces, Roberto ya vivía con una novia.

Eddie, el menor, comenzaba a asomar la cabeza a lo que era el mundo y trabajaba en una discoteca de *disk jockey*. Vivi, ya casada, vivía el «fin feliz» de los cuentos de hadas. Yo trabajaba, hasta que un día mis padres me sacaron de mi adorado ambiente, impidiéndome ir de gira con Roberto y con ello acabaron de golpe con mi carrera «artística». Pero juré volver.

Mamá regresó de un largo viaje. Había algo luminoso en su mirada. La tensión y la ansiedad parecían haberse desvanecido de su rostro. (*Cualquiera*, pensaba yo, *estando lejos de este semillero de pleitos que es mi hogar.*) Se notaba impaciente por contarnos, sin duda, un suceso extraordinario. Hasta nos reunió a todos para decirnos que de regreso en el avión conoció a Cristo. Para ser sincera, no presté el menor interés al relato. Y aunque la había extrañado terriblemente, persistía en mi nefasta actitud de rebeldía. A la primera que puso en oración fue a mí. Conforme transcurrían los días, pude ver que ese cambio no había sido algo pasajero. Por el contrario, su alegría y su entrega notables se hacían más profundos, más obvios.

Ahora que trabajamos con los jóvenes y sus padres, a veces nos llega algún papá diciendo que su hijo no quiere saber nada del Señor. Que visten de manera provocativa y desafiante, que hablan de manera soez y que escuchan música muy mundana. Las quejas son innumerables y, al oírlas, me veo a mí misma años atrás. Todo lo que quería decirles es: «Mírenme. Aquí estoy. Existo.» Mi fin era llamar la atención y tener un poco de reconocimiento de mis padres y hermanos. Esto era parte de la oscura raíz del rechazo que tenía arraigado en mi espíritu y alma.

Muchas veces les repito a los padres que reflexionen en el tipo de testimonio que dan a sus hijos, porque es elemental para la conversión. Yo debía tener mi propio encuentro con el Señor, no con el Dios de mi mamá. Cuando la veía gozarse tanto en la lectura de la Biblia o soltar una repentina carcajada, le preguntaba el motivo de su risa y ella me respondía: «¡Hija! Esto está bonísimo. No cabe duda de que Dios tiene un excelente sentido del humor...»

No la entendía, como tampoco me animaba a leer semejante mamotreto. Pero veía que ella, al enfrentar un problema, de inmediato corría al Señor y se aferraba a él, recibiendo pronta respuesta a sus angustias. Nunca jamás la volví a ver ni triste ni histérica. Su seguridad y su confianza en el Señor no eran pasajeras y se notaba. Su vida había cambiado y de alguna manera intuía yo que habría de estar como ella, pero por orgullo me rehusaba. ¿Cristiana yo, y de Biblia? Para nada, maestros...

La actitud de mamá fue uno de los fundamentos esenciales para mi conversión, pues a diferencia de algunos, que en la iglesia son de una forma mientras que en la casa son algo muy diferentes, ella se mantenía íntegra, aferrándose a Dios en

La actitud de mamá fue uno de los fundamentos esenciales para mi conversión, pues se mantenía íntegra, aferrándose a Dios en todo. Cuando las cosas empeoraron aun más, mamá seguía adelante con su Dios.

todo. Cuando las cosas empeoraron aun más, mamá seguía adelante con SU DIOS. Ese gran Dios que no conoce imposibles, y su fe era tal que la luz entraba en mi casa cada vez con mayor fuerza. El testimonio de un padre o de una madre cristiana es vital para la vida de un hijo y determina en mucho si ellos deciden acercarse o apartarse de Dios.

Cuando hay situaciones difíciles hay padres que corren al compadre, al amigo, al abogado o al primero que encuentren. Piden consejos, orientación, pero...¿y Dios? Dios después. Y los hijos aprenden con el ejemplo. ¿Para qué quiero a ese Dios que no resuelve nada? Por eso es importante practicar lo que predicamos y no predicar sin practicar.

Para mamá todo era fascinante. Para ella, leer la Biblia era un viaje emocionante. Ver cómo devoraba con avidez las páginas ya maltratadas y oírla comentar: «¡Qué bueno está esto!» o «Este versículo es para mí», era una experiencia conmovedora. Se pasaba subrayando Biblias al por mayor, fuera la versión que fuera, con o sin concordancia, con enciclopedia o comentarios, fuera en inglés, español o italiano. Todas las hojeaba y en todas se veían sus marcas por doquier. Ella sí leía su Biblia y esto es importante. Que nuestros hijos aprendan a gustar de la lectura de las Escrituras, porque ven a sus padres disfrutándola todos los días. Que nos vean orar, no religiosamente, sino con fervor y fe y esto, más temprano que tarde, traerá recompensa a toda la familia.

Testimonios de lo anterior los comenzamos a ver en casa, como el día en que el refrigerador se descompuso. Para variar, no teníamos dinero y mis padres acababan de comprar los mandados del mes. El congelador, atascado de carne, de repente comenzó a gotear, anunciando la hecatombe. Papá, que sabía de refrigeradores, lo examinó primero con aire de esperanza y luego con desolación, anunciando que el motor se había quemado. Era un fin de semana largo, caluroso y con un día festivo adosado. Conseguir a un técnico iba a ser más que imposible.

—Lo único que podemos hacer es pedirle a los vecinos que nos hagan el favor de guardar nuestros alimentos en sus refrigeradores...

Mamá no se dio por vencida. Atravesó como ráfaga el departamento y se puso a orar por el difunto aparato. Impuso sus manos en el termostato y reprendió al refrigerador, diciéndole con autoridad:

—¡Prende, en el nombre de Jesús!

El congelador de repente comenzó a gotear, anunciando la hecatombe. Papá lo examinó primero con aire de esperanza y luego con desolación, anunciando que el motor se había quemado... Mamá no se dio por vencida ... Impuso sus manos en el termostato y reprendió al refrigerador, diciéndole con autoridad:

—¡Prende, en el nombre de Jesús!

El aparato lanzó un estertor y luego un zumbido. Estaba funcionando.

El aparato lanzó un estertor y luego un zumbido. Estaba funcionando.

—¡Muchachos! ¡Vengan! ¡Gracias a Dios el refrigerador ya sirve!

Era tal su gozo, que todos nos quedamos atónitos al ver su reacción. Acostumbrada a los milagros cinematográficos,

En otra ocasión se pinchó la llanta del auto en medio de un bosque y bajo un aguacero torrencial . Papá se bajó, revisó el desperfecto y regresó al interior con el ceño fruncido.

—No tengo ni llanta de repuesto, ni herramientas —musitó con ira apagada—, si tan siquiera tuviera una bomba de aire... Y volvió a bajarse varias veces para comprobar el daño. En una de esas, regresó con cara estupefacta y le espetó a mi mamá:

—¿Qué hiciste? ¿Oraste, verdad?

—¿Por qué, qué pasa?

—La llanta ya tiene aire y hace un minuto estaba hasta el piso, completamente desinflada...

a mí no me pareció que aquello fuera un milagro de verdad. Papá se rascaba la nuca desconcertado.

—No puede ser —decía—, lo revisé y el motor estaba totalmente quemado, inservible. No puede ser...

—Sí puede ser porque así es mi Señor —dijo mi mamá brincando de alegría, sin dejar de dar gracias al Eterno.

Yo miraba aquello con recelo. Mamá pedía y Dios contestaba.

En otra ocasión se pinchó la llanta del carro en medio de un bosque y bajo un aguacero torrencial. Papá se bajó, revisó el desperfecto y regresó al interior del auto con el ceño fruncido.

—No tengo ni llanta de repuesto ni herramientas —musitó con ira apagada—, si tan siquiera tuviera una bomba de aire...

Y volvió a bajarse varias veces para comprobar el daño. En una de esas, regresó con cara estupefacta y le espetó a mi mamá:

—¿Qué hiciste? ¿Oraste, verdad?

—¿Por qué, qué pasa?

—La llanta ya tiene aire y hace un minuto estaba hasta el piso, completamente desinflada...

Al llegar a una gasolinera, revisaron la llanta y le encontraron cinco clavos enormes. Había sido un milagro. Papá tenía que reconocer que algo sobrenatural había sucedido y que la fe de mamá era sencillamente extraordinaria. Ante esos testimonios, yo aparentaba indiferencia total. Sin embargo, por dentro iban tocando y ablandando mi corazón ¿Podría llegar yo a hacer algo como eso?

Quisiera animar a los padres con hijos renuentes a Dios. Si su fe en Dios es fuerte, verdadera y fiel, así como su confianza en él, y si oran con fervor, apasionadamente, tarde o temprano esos hijos se acordarán de un Dios que sí responde, que llega a tiempo, que ama y ayuda al desamparado, que se preocupa por ellos y que es el mismo ayer, hoy, mañana y por los siglos. Nuestros hijos necesitan tener un encuentro con Dios particular y privado. A veces no quieren al Dios de sus padres. Quieren al suyo propio. Es por eso que buscan ídolos donde quiera que los haya. Sean cantantes o artistas famosos. Buscan con quien identificarse.

No se desanime. La Palabra de Dios nunca regresa vacía. Recuerde la afirmación en las Escrituras: «Mi familia y yo serviremos al Señor» (Josué 24:15, NVI).

Al tratar con tantos jóvenes, me he percatado de que los adolescentes, en su mayoría, entran en una etapa en la que ven a sus padres como al peor de los enemigos. No tome estas actitudes de ellos como agresiones personales, sino persevere. Eso sí, mantenga los límites. No les permita hacer su regalada gana. Los quiere porque son sus hijos, no por lo que hacen. Disciplínelos en amor pero con firmeza y esto, aunque parezca extraño, poco a poco los hará reflexionar.

Por cierto, algunos se visten y se peinan como salidos de una película de marcianos y se comportan como tales. A usted le disgusta verlos así; está bien, pero antes de criticarlos piense en lo que le están diciendo: «Eh, estoy aquí, hazme caso», y muéstreles su amor por ellos. Sobre todo, aprenda a reconocer sus errores y dígales que también usted necesita de ellos. Atrévase a preguntarles qué cosas no les gustan a ellos de usted. La raíz de muchos de estos males es la falta de comunicación. Cada joven es un caso particular y único, pero no se afane. Dios sabrá darle sabiduría para todo.

Una vez más, mi mejor amigo me abandonó.

El grupo de rock se fue en la primera oportunidad que tuvieron de que los contrataran en Estados Unidos y mi hermano con él. Me quedé completamente sola. Mamá insistía en que me acercara a Dios, pero los jóvenes cristianos me desanimaban terriblemente. Demasiado «inocentones» y «sanos» para mi gusto. ¿Pasar yo de «gruesa» a «*nerd*»? ¡No! Seguí rechazándolo y, sin saberlo, me perdí de excelentes predicadores y de gente increíble como suele haberla en el Señor.

Una noche, con un desafío pocas veces visto, le pregunté a la persona que predicaba todos los jueves en casa de mamá, jueves que evitaba gustosamente.

«¿Para ser cristiana tengo que dejar de fumar, de beber y de ir a fiestas?» Esa era mi única preocupación. Él me sonrió mientras se mesaba la barbilla para contestarme: «De fumar y de beber, Dios te va a hablar. De las fiestas... pues si estás en un sitio en el que no quieres estar, te vas y ya, ¿o no?»

Me reí de lo más divertida. Me imaginaba la voz audible de Dios, profunda y engolada diciéndome: «Gloria, deja de fumar y de beber», y al no decirme nada en concreto, me retiré complacida.

Cierta noche asistí a una fiesta de la compañía donde trabajaba. No pude beber a causa de una de las tantas dietas rigurosas a las que me sometía, y en cuestión de minutos comencé a ver cómo las muchachas iban perdiendo literalmente el estilo bajo el influjo de unas cuantas copas. Bailaban con uno, danzaban con otro, sin importarles su aspecto. «*¡Qué bárbaras!*», pensaba. «*¿No se darán cuenta del ridícu-*

lo que hacen? Mira aquella. Esta ya ni puede hablar.» Como si yo nunca hubiera perdido el estilo. ¿Cuántas veces me caí o me hice la graciosa como aquella cree serlo? De la diversión pasé al estupor, luego a la pena ajena y por último me llené de genuino horror. Casi pude escuchar en mis oídos la frase: «Así te veías tú.» Me puse de pie, sintiéndome más miserable que una cucaracha, y en segundos mi vida pasó ante mis ojos expuesta y desnuda. No me gustó nada de lo que vi. ¿Qué me dijo ese predicador que hiciera? Ah, que si no estoy a gusto en un lugar, pues que salga y ya. Mi acompañante ya estaba ebrio y se sorprendió muchísimo cuando

> *Salí de ahí rogando a Dios llegar sana y salva a casa. Pobre Pepe... perplejo me llevó a mi hogar. Estaba tan ebrio, que el regreso en el auto fue escalofriante. Me la pasé orando al Señor para que no nos estrelláramos. Esa noche dejé de fumar y beber. ¡Gloria a Dios!*

le pedí con firmeza que me llevara a casa. Me miró con sorpresa.

—Pero Gloria, si vamos a seguir en casa de...

—Llévame a casa, por favor.

—Permíteme...

Y permíteme y permíteme. Salí de ahí rogando a Dios llegar sana y salva a casa. Pobre Pepe (así se llamaba mi acompañante), nunca supo lo que me ocurrió esa noche. Me alcanzó y perplejo me llevó a mi hogar. Estaba tan ebrio, que el regreso en el auto fue escalofriante y arriesgado. Me la pasé orando al Señor para que no nos estrelláramos.

Esa noche dejé de fumar y beber. ¡Gloria a Dios!

Fue más difícil dejar otras cosas. Entendí que Dios no me quitaba nada, pero mientras más me acercaba a él y más lo conocía, más deseaba despojarme de esos obstáculos llamados pecados. Hacía falta alejarme en definitiva de las personas y del medio que hacían tambalear mi escasa fe. De pronto, el grupo de rock llegó de vacaciones y con el grupo también llegó el muchacho con el que yo salía y la tentación de caer nuevamente en lo de antes, se fortalecía. Era la incondicional y salí con él, pero ya no fue igual. No sabía cómo zafarme. Regresaba frustrada a casa, con el sentimiento de no poder testificar del cambio que estaba experimentando en mi vida. Tenía miedo de la burla y me preocupaba mucho el «qué dirán». Salí a infinidad de fiestas y, aunque ya sin beber ni fumar, me sentía como una intrusa. En definitiva, ya no pertenecía ahí.

Literalmente Dios me sacó de México.

A través de un amigo y hermano en Cristo muy querido, Wayne Myers, me fui a *Cristo para las Naciones*, en Dallas, Tejas. Es un hermoso instituto bíblico. Dejé mi trabajo, mi familia (que para entonces estaba unida nuevamente; papá no dejó de beber de inmediato, y le tomó mucho tiempo entregarse al Señor, pero por primera vez había paz y perdón en mi casa; Eddie y Vivi ya habían aceptado a nuestro Señor, faltaba Roberto, el cual dejó de ser mi ídolo cuando Cristo tomó el trono de mi corazón) y me dispuse a enfrentar una nueva vida.

7

El otro lado de la moneda

¡**Q**UÉ CAMBIO INCREÍBLE!

Aunque lentamente, el instituto bíblico me ayudó a conocer qué era la vida cristiana. El Señor me aceptaba. No tenía que hacer nada para merecer su amor y durante un buen tiempo estuve orando para verme como él me veía, pues no sentía que hubiera nada hermoso en mí, ni física, ni mental, ni espiritualmente. No tardé en leer en Efesios 1:6 la respuesta a mi petición: «Somos aceptos en el Amado.» ¡Qué grandioso fue saber esto! ¡Por fin el vacío que traté de llenar con alcohol, tabaco y fiestas, se había llenado plenamente! No tenía que ganarme el amor de regreso. Por fin, había sentido que él me aceptaba y me había lavado completamente, para ver la hermosura que él veía en mí y no lo que yo imaginaba. Fue sensacional darme cuenta que uno vale toda la sangre derramada por Jesucristo. Vale más que el oro y las piedras preciosas. Definitivamente el ayer se había roto. Ahora estaba enamorada de Aquel que amó primero mi alma: Mi Jesús.

*No tardé en leer
en Efesios 1:6 la
respuesta a mi
petición: «Somos
aceptos en el Amado.»
¡Qué grandioso fue
saber esto!
¡Por fin el vacío que
traté de llenar
con alcohol, tabaco y
fiestas, se había
llenado plenamente!*

Regresé del Instituto. Meses después, trabajando como secretaria de mi congregación, asistí a un retiro para jóvenes donde conocí al que después sería mi esposo, Erick. Él también se fue a *Cristo para las Naciones*, pero antes de partir, me dijo que sentía fuertemente el llamado para servir al Señor y que dejaba el trabajo que tanto le gustaba: controlador aéreo. No le fue fácil. El diablo le puso mil obstáculos que no hicieron otra cosa más que confirmarle que su llamado era real y al poco tiempo se hallaba en Dallas. Perdí el ánimo. ¿Qué iba a pasar con nuestras vidas? Sabíamos que él se pasaría dos años estudiando allá. Y, ¿qué de nuestro futuro? ¿Cómo casarnos así? Pero a Dios no se le escapa nada. Cuando es su voluntad, las puertas se abren y así sucedió. El Señor me hizo recordar cuando yo oraba allá en el Instituto por el que iba a ser mi esposo, y una de las cosas que le había pedido era precisamente que asistiera a *Cristo para las Naciones*. Que tuviera la misma formación espiritual. Dios me recordó esa petición. Estaba respondiendo a mi oración y esto me consoló. Él estaba en control de todo y cuatro meses después yo me reuní con Erick. ¿Qué importa si había obstáculos? Había muchos, pero el Señor los fue derribando de manera milagrosa.

Mamá fue la única en asistir a nuestra boda. Papá se hallaba muy enfermo, y a mis hermanos les fue imposible acudir; lo mismo que a la familia de Erick. Pero Dios y otras veinte personas estuvieron presentes, y aunque la boda no fue como la había imaginado, fuimos muy felices.

Dios nos bendijo grandemente. Son años que recuerdo con particular alegría y amor.

Toda esta historia motivó mi temor a que Rebeca fuera rechazada como yo lo fui, por esa sociedad que impone normas y metas indiscriminadamente. Pero valemos porque Cristo nos hace valer, porque somos hijos o hijas de Dios. *«Querida Rebeca: Vales porque eres mi hija y te amamos por lo que eres, no por lo que hagas o dejes de hacer. No complazcas a los hombres, complace a Dios. Él tiene un propósito en tu vida y saldrás adelante si pones tus ojos en él.»*

OTRO PARÉNTESIS: GRUPO DE JÓVENES

A Erick y a mí se nos encomendó la responsabilidad de guiar el grupo de jóvenes de la congregación. Eran alrededor de trescientos muchachos que recibimos junto con un equipo de matrimonios jóvenes que nos ayudarían con tan tremenda tarea.

Decidimos dividir al grupo en doce tribus, como las de Israel. Cada tribu tendría un jefe y un subjefe, a fin de darnos la oportunidad de conocerlos a todos a través de estos jefes, elegidos por los propios muchachos. A estos jefes los fuimos preparando y haciéndolos discípulos para dicha tarea. Se hicieron estandartes y lemas para cada tribu; así era más fácil organizar actividades *ad-hoc* para la muchachada. Las edades del grupo oscilaban entre los doce y veintiocho años. Quisimos dividir a los adolescentes, pero tenerlos integrados así funcionó muy bien, pues los grandes discipulaban a los chicos, y los pequeños estaban tan entusiastas en el Señor que eran ejemplo para los mayores.

Comenzamos a trabajar pidiendo sabiduría a Dios, pues deseábamos que se desarrollaran en un ambiente de aceptación entre ellos y crecieran en el conocimiento de Cristo. Que se comprometieran con él y utilizaran los talentos que Dios les había otorgado. Era hermoso ver cómo se formaban líderes y luego tomaban su lugar en el cuerpo de Cristo. Jóvenes

> *Muchas de las parejas que nos ayudaban comenzaron a embarazarse y entre esas me encontraba yo también, de modo que los muchachos estaban contemplando el milagro de la vida.*

antes apagados por la apatía, que ahora servían fervorosamente al Señor. Lo mejor de todo era ver que ellos traían a personas nuevas de su trabajo, escuelas o familia.

No tardaron en aumentar de número.

Muchas de las parejas que nos ayudaban comenzaron a embarazarse y entre ellas me encontraba yo también, de modo que los muchachos estaban contemplando el milagro de la vida. Después tuvimos quinientos, luego más. Cuatro años después ochocientos, y hoy se reúnen hasta mil, todos ansiosos de conocer más del Señor. Nuestro deseo es que su identificación esté en Jesucristo y que sus crisis, por más graves que sean, hallen respuesta en Dios.

¡Cómo han enriquecido mi vida! A pesar de los errores, los problemas y las grandes responsabilidades, el Señor nos ha permitido involucrarnos con esta parte tan importante del cuerpo de Cristo, porque en ellos radica la fuerza de la iglesia.

Fue hermoso servir en este ministerio. Nos encanta estar con los jóvenes. En primer lugar se nos hizo fácil pues no sentíamos una gran diferencia entre las edades de ellos y las nuestras. Después, viendo la enorme responsabilidad, reconocimos que por más jóvenes que nos sintiéramos, siempre existía ese abismo llamado brecha generacional y que se podía allanar estando al tanto de lo que veían, oían y vivían. Yo, por ejemplo, no sabía ni prender una computadora. Erick comenzó a involucrarse en este mundo y yo aprendía con él. Los muchachos de hoy manejan mucha información y no es sencillo estar al día como ellos lo están, pero se intenta. No tardamos en sentirnos aceptados.

Muchos de ellos venían de hogares destruidos por el divorcio y el alcoholismo, o de madres solteras. Cada sábado se amontonaban para hablar con nosotros. Abrían su corazón y les conocíamos más profundamente. Pronto supieron que estábamos ahí para brindarles toda nuestra amistad, amor, comprensión y apoyo. Me sentía feliz ayudándolos. Un sábado nos dieron una tremenda sorpresa. Cada tribu había elaborado una enorme tarjeta, dándole la bienvenida a la nueva bebita. La invitaban a formar parte de ellos, llenándonos además de juguetes, pañales, biberones y toda clase de artículos muy útiles. Está por demás decir que este detalle me llenó de ternura. Guardé cuidadosamente cada tarjeta, pues abrigaba la intención de enseñárselas a mi bebita cuando fuese mayor y supiera del amor con que estos muchachos la habían esperado, considerándola parte de su familia desde antes de nacer.

Cada semana teníamos a Rebeca con nosotros al reunirnos en la casa con todos los líderes y a veces también con todos los jefes. De este modo, Rebeca creció viendo a los jóvenes como parte de su vida. Claro, esto comenzó a robarnos mucho tiempo para dedicarle a ella. No la podíamos relegar, ni hacerla marchar a nuestro ritmo. Fue difícil. ¡Uf! ¡Cuánto nos faltaba por aprender! Cada sábado que teníamos reunión con los jóvenes, iba una señora de la congregación a cuidarnos a los niños de todos los que nos ayudaban. Por lo menos, de esa manera nuestros hijos estaban ahí con nosotros, conociéndose de acuerdo a su edad.

8

No hay verdugo que no ahorque ni plazo que no se cumpla

DESPUÉS DE LOS SIETE MESES de embarazo, dejamos de viajar por prescripción médica. Me resultaba muy incómodo cantar con la panza tan grande. Así que solo asistimos a invitaciones en la ciudad. Poco a poco se acercaba la hora. Las fiestas para recibir al bebé se multiplicaron y pronto la casa estuvo rebosante de mil artículos para bebé.

«Será varón», me decían y apoyaban su augurio por la forma de mi vientre. «Sí, esa barriga es de varón... Y asentían con aire docto. Tendrás un Erickito.»

También yo me imaginaba que sería varón, porque todo el embarazo fue muy diferente, no había sentido nada de lo que experimenté con Paola, mi primera bebita. Pensaba que por ser tan diferente sería varón. Erick también presentía lo mismo y pronto estuvimos buscando nombres masculinos, pues si llegaba a ser niña se llamaría Ericka.

> *En la escuela las quejas por el comportamiento de Rebeca aumentaban y, aunque había avanzado notoriamente, todavía batallaban para captar su atención.*

Pronto se me hizo pesado llevar a Rebeca a sus terapias, pero tenía que hacerlo. En la escuela aumentaban las quejas por su comportamiento y, aunque había avanzado notoriamente, todavía batallaban para captar su atención. Al asistir a sus clases abiertas, nos percatábamos de lo fácil que para Rebeca era distraerse y, si estando presentes lo hacía hasta el punto de pararse y salir, ¿qué no haría en nuestra ausencia? ¡Pobres maestras! Confiábamos que con las terapias, nuestro amor y la venida de un pequeño compañero o compañera, habría un cambio favorable en ella.

Se programó la cesárea. El médico lo prefirió así, debido al antecedente de cesárea de mi primera bebita. Yo feliz. Nada como saber la fecha exacta de su nacimiento, comparado con la angustiosa espera de los últimos días.

Para ser sincera, debo decir que llegué a pensar en la posibilidad de que mi bebé pudiera venir con la enfermedad de Paola. Lo que siempre me consoló era recordar las palabras de Erick: «Lo amaremos y lo cuidaremos tal como hicimos con Paola...» Así que tenía presente que esta había sido una decisión bien tomada, bien orada y que enfrentaríamos el futuro con valentía, aunque mi esperanza era que en esta ocasión todo saldría bien.

Llegó el día largamente esperado. Era el 18 de junio de 1992. Una semana antes habíamos celebrado el cuarto cumpleaños de Rebeca. «Qué cómodo», pensaba, «podremos celebrarles sus fiestas juntas.»

Habíamos acordado con el médico que hiciera la cesárea y que luego procediera a ligar las trompas, pues habíamos decidido que este sería el último embarazo. Me prepararon. Un médico tomaba en video la llegada del tan largamente anhelado bebé. Fernando, a petición mía, ya se encontraba ahí en la iluminada y aséptica sala de operaciones. No tardaron en bloquearme y aunque anestesiada de mi cuerpo, me encontraba lúcida, nerviosa y mirando el ir y venir de médicos y enfermeras. Mi ginecólogo se acercó con sus manos blancas por los guantes de látex para decir:

—Estamos listos. En el nombre de Dios...

—Si es varón, ¿qué nombre le van a poner?
—Erick —mi voz temblaba.
—¿Y si es niña?
—Ericka...
—Pues, felicitaciones. Acaba de tener una Erickita...

¡Qué maravilla! Nunca esperé oír esas palabras de Ricardo. Que Dios lo bendiga, pues se puso en manos de Dios, como nosotros lo habíamos hecho.

El aire se llenó de un fuerte olor a desinfectante. Yo platicaba con el anestesista, quien me llenaba de preguntas, en un intento tal vez de distraer mis nervios. Sin dolor, sentía como me cortaban y hurgaban en mis entrañas.

—Si es varón, ¿qué nombre le van a poner?

—Erick —mi voz temblaba. El ambiente se cargaba de ruidos de máquinas y nuevos olores se sumaban.

—¿Y si es niña?

—Ericka...

—Pues, felicitaciones. Acaba de tener una Erickita...

Enseguida escuché el lloriqueo de la recién nacida. ¿Una Ericka? No puede ser. Siempre pensé que era varón. Con rapidez y pericia la envolvieron en lienzos y me la acercaron. Quería revisarla.

—¿Está bien, Fernando, está bien?

Fernando sonrió mientras la cargaba.

—Gloria, está bien. Es preciosa y me la voy a llevar para hacerle todo lo que es necesario.

Recuerdo que la besé y le dije que la amaba.

—Bienvenida, hijita. Bienvenida, mi Ericka. Eres preciosa...

¿Qué cara iría a poner Erick cuando se enterara? ¿Y los de mi familia cuando les dijeran que había sido niña? ¡Huy, no lo van a creer!

Permanecí acostada bajo la intensa y blanca luz. Ya quería bajarme para estar con mi hija y con mi esposo.

—Gloria —la voz de Ricardo me sacó de mis cavilaciones—, ¿cerramos o no la fábrica?

Dije sí, sin vacilar. Conocía el riesgo de tener más hijos y para mí, dos eran más que suficientes, dos niñas. Jugarían bien y se llevarían de maravilla.

—Sí, Ricardo, cerramos...

En lugar de hacer dos operaciones al mismo tiempo, me hicieron tres. A causa de pasadas cirugías, estaba llena de adherencias y Ricardo se tardó bastante en quitarlas para dejarme como nueva. Pronto estuve en la sala de recuperación y no veía la hora de hallarme en mi cuarto, donde seguramente mi mamá y Erick esperaban ansiosos. Mientras esperaba, me puse a darle gracias a Dios. A suplicarle por mi hija y a entregársela en sus preciosas manos. Así transcurrieron quién sabe cuantas horas.

Por fin me subieron.

Al ver a Erick, quise llorar en sus brazos, pero no me fue posible al ver la cantidad de personas que atiborraban la habitación. Mamá brincaba de alegría al saber que había sido niña. Fernando, sin perder tiempo, se los notificó. Les informó, además, que la criatura se encontraba en perfecto estado. Erick estaba entre orgulloso y satisfecho. Ya todos habían acudido al salón de recién nacidos del hospital para verla, y no faltaban los tan esperados: «Se parece a tu papá», «No, se parece a mí», «Sacó la nariz de... etc.»

Rebeca se encontraba con mi buena amiga Lucía. Hubiera deseado que permaneciera un poco más con ella, pero cuando salimos del hospital para trasladarnos a casa de mamá y así evitarme el subir y bajar escaleras, me trajeron a Rebeca. A la inquieta y activísima Rebeca. «Dios mío,

¿qué voy a hacer?» Eran vacaciones, de modo que me hice la idea de estar trabajando horas extras con mis hijas. Cuando Rebeca vio a Ericka, se emocionó mucho. La quería cargar y llevársela a jugar como a una muñeca más de su colección. «No, hijita. Tenemos que tener mucho cuidado con ella», le decía. «Todavía está muy chiquita para jugar contigo. Poco a poco verás que crece y entonces podrán jugar juntas...»

Rebeca era muy tierna con su pequeña hermana; me quería ayudar en todo, pero al ver que no era posible, se frustraba, enojaba y lloraba de pura impotencia. Me buscaba para que la cargara y abrazara, pero con la herida de la cesárea, aquello no era posible y veía su desilusión. ¡Qué cambio tan grande fue para ella! Ahora tenía que compartirme y compartirlo todo. Mi estado de ánimo no era el idóneo. Me vino una depresión posparto. Con Paola no me pasó, pero con Ericka... ¡Dios mío! Lloraba por cualquier cosa. No podía atender a la bebita ni a Rebeca. Así pasé más o menos un mes, con la sensibilidad a flor de piel hasta el punto que comencé a alarmarme. ¿No volvería a ser como antes? Erick, al no entenderme, me contrariaba. Él se iba a trabajar y al regresar esperaba que todo fuera como antes, pero solo hallaba a una esposa deprimida, una niña hiperactiva que no se entretenía con nada y a una bebita cuidada por la suegra.

Di gracias a Dios por mi mamá. Ella hacía todo por la bebita (bueno, menos darle de comer). ¡Qué impotencia me invadía ante esta situación! Deseaba terminar esa sensa-

> *Me vino una depresión posparto. ¡Dios mío! Lloraba por cualquier cosa. No podía atender a la bebita ni a Rebeca. Duré más o menos un mes así, con la sensibilidad a flor de piel, y comencé a alarmarme. ¿No volvería a ser como antes?*

ción de no poder explicar lo que sentía. Sensación magnifi-
cada cuando el esposo no sabe lo que experimenta una y no
puede ayudarle.

«Por favor, llévate a Rebeca», le decía a Erick, «necesita
distraerse.» Me faltaba agregar: «Y descansar yo, aunque
sea por unas horas.» Erick no lo hacía de muy buena gana
que digamos, pues tenía trabajo. Sabía, además, que Rebeca requería de toda su atención y en la oficina, ¿cómo tenerla quieta? Sin embargo, lo hizo varias veces, creo que al
verme tan desesperada.

Muchas veces esperamos que el esposo sienta lo mismo
que la esposa. Que sepa exactamente cómo nos sentimos, el
ánimo que tenemos y, de acuerdo con eso, queremos que ac-
túe. Sin embargo, al no ser así (muchos hombres tienen
una sensibilidad cero), una gran desilusión nos embarga.
Aquí Dios entra en acción, sabiendo nosotras que ningún
hombre nos dará lo que solo él puede dar. Esto lo aprendí
en ese tiempo tan difícil, durante el cual quería sacarle a
Erick compresión, ternura, entendimiento y mucho amor.
Al no obtenerlo, el resentimiento me abrazó. Dios nos
muestra que él es suficiente. Aunque nunca lo exteriorizó,
sin duda Erick esperaba lo mismo de mí y no se lo supe dar.

9

Nubes negras
en el horizonte

DURANTE ESOS DÍAS me invadieron pensamientos horribles. Una cosa era la depresión natural posparto y otra la visita inefable del enemigo, quien sabedor de mis defensas bajas, llegaba a sembrarme ideas de angustia. ¿Y si Ericka tiene la misma enfermedad de Paola? De solo pensarlo me paralizaba. Abrazaba a mi hija, como para protegerla de tal idea. ¿Y si está enferma? ¿Si muere igual?

Cada vez que llegaba a visitarnos el papá de mi cuñada Cristi, que es pediatra, le pedía invariablemente que revisara a Ericka. Él lo hacía de muy buena gana, y una y otra vez nos decía sonriente: «¡Está muy bien! ¡Muy sana!»

Y el alma me volvía al cuerpo. Luego a solas, sin tensiones, ni quehacer, me abandonaba a la cavilación y era cuando aparecían insistentes los mismos pensamientos atormentadores. Luché muy fuertemente por ahuyentarlos.

Estuvimos en casa de mamá cerca de dos meses y medio. Nuestra casa se la habíamos prestado a Palemón y a Paty Camú, dos muy buenos y queridos amigos recién llegados de La Paz, Baja California, quienes llegaban a instalarse a la ciudad de Méjico para servir a Dios en nuestra congregación. Como todavía no les entregaban su casa, permanecían en la nuestra y nosotros en la de mi mamá. Mentiría si dijera que estaba a disgusto. No, es más, me sirvió para recuperarme del todo y un buen día, amanecí sintiéndome nueva. Todo me pareció luminoso. El fantasma de la depresión había desaparecido. Me gocé de volver a ser la misma de antes.

> *Erick es reservado por naturaleza y yo todo lo contrario. Comencé a sentirme incómoda al pedir oración o exponer mi corazón. Para mí, hablar y sacar todo lo que tengo adentro es una sanidad. Pero no quería avergonzar a Erick.*

Todavía en casa de mamá, comenzamos a tener reuniones con el liderazgo de los jóvenes. Me sentía feliz. Teníamos una nueva bebita creciendo bien, otra madurando deprisa con tantos cambios y un ministerio creciente, poderoso. Todo marchaba bien y no veíamos la hora de regresar a casa para iniciar la nueva rutina, con una nueva estructura familiar.

En cierta ocasión, salimos a la ciudad de Taxco a un retiro espiritual con los líderes de la congregación. La esposa de Marco Barrientos acababa de dar a luz a un enorme varón y las dos coincidimos allá. Después de estar enclaustrada durante mes y medio, de repente verse en un sitio pintoresco, con aire libre de contaminación atmosférica y rodeada de personas amadas que también nos amaban, fue un refrigerio, tanto físico como espiritual. Recuerdo que con todos los líderes reunidos, Erick y yo les pedimos que oraran por la bebita, presentándola al Señor.

Entonces, les abrí mi corazón: «Quiero que oren por mí. He sentido un temor terrible, de solo pensar que mi bebé pueda tener la misma enfermedad de Paola. Por favor, oren por eso.»

Las lágrimas corrieron por mi rostro. Erick estaba sorprendido, casi no habíamos hablado de nuestro temor, pero estaba presente en todo momento. A estas alturas no me paralizaba ni angustiaba la posibilidad de que estuviera enferma, solo necesitaba saber lo que estaba enfrentando. Comparaba a Ericka con Paola y observaba con inquietud que tenían cuando menos un rasgo muy parecido: el vientre muy pronunciado, de ahí mi angustiosa petición.

Por supuesto, oraron por nosotros y nos ministraron de manera muy hermosa. También en aquella ocasión presentaron al hijo de Marco Barrientos. Descansé al abrir mi corazón, aunque hablar con los líderes no fue sencillo. Erick es reservado por naturaleza y yo todo lo contrario. Comencé a sentirme incómoda al pedir oración o exponer mi corazón al sentir que mi esposo no sabía lo que yo iba a pedir. Para mí, hablar y sacar todo lo que tengo adentro es una sanidad. Pero no quería ni exponer, ni avergonzar a Erick, así que tuve el cuidado de medir lo que decía y de consultarlo antes. Por lo general, él me animaba a hacerlo.

Cada vez que íbamos al pediatra, nos parábamos al lado de él, viendo atentamente cómo revisaba a Ericka. Nunca se habló del asunto, pero era evidente que Fernando sentía nuestra presión, nuestro anhelo de saber si todo marchaba bien.

—Está bien. No siento vísceras ni nada. La niña está perfecta...

Al mes siguiente, la historia se repetía. Sin embargo, al tercer mes, pude advertir que Fernando fruncía el ceño.

—Siento el hígado y el bazo crecidos...

—¿Estás seguro o esperamos otro mes para confirmarlo? —preguntó Erick—. Fernando se rascó la barbilla.

—Bueno, nos podemos esperar. Solo les digo lo que veo y puede ser que si esperamos...

Entré con Ericka para hacerle la radiografía... Pregunté al doctor encargado de descifrarla:

—¿Por casualidad no ve hepatoesplenomegalia?

El galeno me lanzó una mirada de extrañeza. ¿De dónde sabría esta señora una palabra tan rara que significa hígado y bazo crecidos?

—¿Para qué esperar? —interrumpí—. ¿Qué hay que hacerle? ¿Una radiografía?

—Sería lo más adecuado...

—Fernando nos lanzó una mirada que quiso ser tranquilizadora. No nos apresuró.

—No. Vamos a esperar un mes más —Erick concluyó.

Quise oponerme, pero con su habitual paz, el pediatra me dijo:

—¿Para qué quieres hacer esto tan rápido? ¿Vas a amarla menos?

—No, solo quiero evitarme un mes de infierno e incertidumbre... —repuse.

Se guardó un breve silencio. Erick se mantuvo firme en que el estudio se haría dentro de un mes. Al llegar a casa, nos esperaba una llamada de Fernando. Me dijo que sentía que yo tenía razón.

—¿Para qué alargar más esto? ¿Por qué no van al hospital y así salimos de las dudas?

Se lo comenté a Erick y él estuvo de acuerdo. Debo mencionar que, hasta ese momento, Erick no tenía las dudas ni la misma incertidumbre que yo. Había preparado una plática acerca de la restauración de Dios, de su fidelidad, de cómo el Señor nos devolvió, con Ericka, todo lo que perdimos con Paola. Guardaba la esperanza de que todo había sido nerviosismo de Fernando al auscultarla, por sentir nuestra ansiedad sobre sus espaldas.

Entré con Ericka para hacerle la radiografía. Una vez revelada y colocada sobre el tablero luminoso, le pregunté al doctor encargado de descifrarla:

—¿Por casualidad no ve usted hepatoesplenomegalia?

El galeno me lanzó una mirada de extrañeza. *¿De dónde sabría esta señora una palabra tan rara que significa hígado y bazo crecidos?*

—Sí, señora, definitivamente lo tiene...

Salí con prisa, llegué hasta Erick que me recibió con una mirada ansiosa e interrogante. Recuerdo haber asentido.

—Sí, Erick, sí lo tiene...

Nunca olvidaré el rostro de mi marido al escuchar eso. Dios mío, sentí que iba a desmayarse en ese momento, la sangre huyó de su cara.

—No puede ser, no puede ser, vamos con los pastores... —musitaba.

Las lágrimas le brotaron abundantemente. De camino a casa de los doctores Pardillo, Erick no podía casi manejar, lo vi desesperado, abismalmente triste y atravesado por un dolor muy fuerte, tanto como si le hubieran notificado de la muerte de Ericka.

Los pastores no estaban en México. Una de sus hijas nos recibió, estaba con su esposo, colaboraban con nosotros en el grupo de jóvenes. Con frases atropelladas les di la noticia y les pedí ayuda, pues veía muy mal a Erick. Se movilizaron, de ahí mismo le hablé a Fernando y le di la noticia. El silencio recibí por respuesta. Le dije que no habría más estudios, que ya sabíamos lo que tenía y que por ningún motivo Ericka iba a sufrir lo que pasó Paola con tantos análisis y estudios cruentos. Fernando estuvo de acuerdo. Con un hilo de voz dijo: «Está bien, y lo lamento mucho. De veras que lo siento mucho...»

Llegamos a casa y nos contuvimos más allá de nuestras fuerzas para que Rebeca no se diera cuenta de que algo grave estaba sucediendo. Buscamos a Palemón y a Paty, pero no los hallamos. Mi mamá había salido de la ciudad para ministrar, así que prácticamente nos sentimos solos, envueltos en el silencio y en la desesperación. No había visto llorar a Erick de la manera en que lo hizo. ¡Qué dolor tan grande! Yo me sentía mal, pero las palabras de Erick retumbaban en mis oídos: «Si viene igual que Paola, la vamos a amar y a cuidar igual.»

Creí que Erick estaba preparado para tener una bebé, sana o no, pero su reacción me alarmó sobremanera y desde ese día ya no volvió a ser el mismo. Se le olvidó por completo aquel estudio preparado con cuidado sobre la restauración de Dios. No quiero decir con esto que Erick perdió la fe ni que se enojó con Dios. No, de ninguna manera. En momentos así, Erick sabe que su fuerza radica en él, acude a su presencia y se deja caer en sus brazos llorando. Sin embargo, Erick cambió en muchos otros aspectos a lo largo de la vida de Ericka.

Para mí, saber esto fue devastador, pero significaba un nuevo reto: «Tenemos que sacar adelante a esta niña lo mejor posible.» No tenía otra opción. En esos momentos toda mi energía, todo mi pensamiento, todo mi ser, estaba concentrado en darle una mejor calidad de vida a mi hija y en sacar adelante a Rebeca sin que sufriera viendo marchitarse a su hermana hasta la muerte.

10

Conocer el final, cambiar el principio

REBECA ME PREOCUPABA sobremanera. Al ver a Erick así, no me podía dar el lujo de estar igual. Alguien tendría que estar fuerte y en esos momentos me tocó a mí estarlo. Nos pusimos a orar desesperadamente, tristes y dolidos por la noticia recibida. Lo que me encanta de Dios es que sabe cuándo puede uno enfrentarse solo a la prueba y cuándo necesita a alguien a su lado. Él es capaz de mandarle a ese alguien. Esa noche nos visitó la hija de los pastores, la misma que nos había recibido junto con su esposo y los primeros en saber lo que estaba sucediendo. Llegaron a buena hora pues estábamos tristes, desesperados y solos. ¡Qué maravilloso es tener amigos! Es importante anotar que si hubiésemos buscado a alguien, habríamos encontrado a una gran cantidad de personas deseosas de ayudarnos y de estar con nosotros en esos momentos. Lo que sucede es que no buscamos a nadie. No atinábamos a hacer nada y al no encontrar a Palemón y a Paty, Erick no quiso hablar con nadie más.

Nahúm e Indalí no pudieron hacer mucho, pero su oración y su visita nos hicieron apreciar lo mucho que vale una amistad. ¡Cuán importante es tomar el tiempo para visitar a alguien sobrecogido por la aflicción e ir con la mejor disposición de ayudar, aunque no se tenga la menor idea de qué decir o de qué hacer! Dios llena la boca y, a fin de cuentas, lo que realmente importa es el amor y la motivación con que actúa. Para mí, esa visita fue enviada por el cielo. ¿Quién sabe lo que hubiera pasado si no hubieran llegado, pues veía bastante mal a mi esposo? Deseaba que llegaran mil personas a consolarnos, pero nuevamente el Señor nos muestra que solo él puede dar la fortaleza, por dura que sea nuestra aflicción. La primera lección aprendida esa noche fue: «A pesar de todo, Dios es Dios y él te saca adelante.» No porque la situación termine, sino porque a pesar de estar pasando por el horno, el Señor nos sostiene y trabaja en esferas de la vida, manteniéndonos la esperanza. Sí, se puede. No es fácil. No será lo que la carne desee, pero el Espíritu lo guía a seguir alabando y glorificando a ese Dios que supera cualquiera de nuestros problemas.

En aquellos días comencé a hablar con algunos de los líderes cristianos muy conocidos. Sabía que necesitábamos todo el apoyo en oración que fuera posible, de modo que de pronto la voz se corrió. Líderes desde sitios tan lejanos como Tijuana, hasta su opuesta Mérida, comenzaron a interceder por nosotros. Comenzamos a recibir llamadas, cartas o faxes diciéndonos lo mucho que estaban orando, junto con sus congregaciones, por nosotros. Todo el apoyo que se nos brindó fue increíble y muy necesario. Constantemente los líderes de nuestra congregación nos levantaban en oración. Como cada uno de ellos había conocido a Paola, sabían el tipo de situación que viviríamos.

Probablemente se preguntaban muchas cosas, pero son personas a las que admiro, quiero y respeto profundamente. En definitiva, junto con las posibles dudas y preguntas que tenían acerca de nuestra situación, también tenían la disposición de ayudarnos cuando lo necesitáramos. Una vez por semana los hombres tenían oración y les tocaba orar en diferentes casas de los líderes. Después de varias horas de intercesión, se terminaba con una comida, turnándonos cada semana. Cuando llegaba mi turno, me encantaba ver cómo oraban por toda mi familia. Me gustaba porque ese día podían estar cerca de mis hijas, visitar mi casa y orar intercediendo por nosotros. Esto me edificó grandemente. No tengo la menor duda de que esta experiencia sirvió para cambiar muchas de las cosas que a partir de entonces nos tocaría vivir. El apoyo de los líderes es indispensable. No es posible hacer mucho fuera de su cobertura. Sé que a veces fallamos como líderes en darle más atención a los necesitados, por la carga tan pesada del ministerio, pero de alguna manera, si uno se acerca a los líderes o pastores, si se permanece bajo su guía, la bendición se presenta y se reparte de alguna manera para aliviar nuestra agobiante pena.

> *El apoyo de los pastores y líderes es indispensable... Si uno se acerca a ellos, si se permanece bajo su guía, la bendición se presenta y se reparte de alguna manera para aliviar nuestra agobiante pena.*

Recuerdo que con Paola, a mí me insistían en que buscáramos un grupo de apoyo con personas que tuvieran hijos con la misma enfermedad de mi hija. Me fue imposible encontrar siquiera a una con el mismo problema. En México es muy difícil encontrar grupos de apoyo en enfermedades tan complicadas genéticamente. A lo mejor existen, pero yo no los encontré. Mi apoyo fue mi congregación, sus líderes y las personas que amablemente se acercaron a darnos una palabra de aliento. Quizá el líder no le pregunte a cada rato cómo está, o qué ha pasado con su problema. No se moleste, acérquese y converse con él. En muchas ocasiones, debido a lo enorme de la congregación (en la nuestra se reúnen más de siete mil) uno se olvida del nombre, del rostro o del proble-

ma. Pero no se desanime y dígale todas las veces que sea necesario, cómo va su asunto y goce de su cobertura espiritual.

Como líderes de jóvenes, nos es imposible reconocerlos a
todos, pero no se me olvida nunca la cara de Mónica, una
muchacha que cada sábado se me acercaba, primero para
hacerme mil preguntas con respecto al cristianismo y después, ya aclarada su visión, para saludarnos únicamente.
De vez en cuando nos pide algún consejo, pero nunca deja de
acercarse para darnos un dulce, un recadito y el habitual sa-
ludo. Al principio, otros jóvenes la criticaban: «Ay sí, como
ella es nueva, va y se acerca a los líderes. En cambio, nosotros que llevamos más años, no podemos acercarnos a ellos.
No los conozco, ni ellos a mí y la verdad es que no me atrevo,
pues los veo muy ocupados...» En realidad, Mónica se atrevió a romper esa barrera levantada por la gente bajo el pensamiento de que «mis problemas no valen tanto la pena,
como para quitarle tiempo al pastor», y eso es mentira. Todos necesitamos de la cobertura espiritual. No se puede andar por la vida como el llanero solitario. Nada mejor que los
que están en posiciones más altas que nosotros nos guíen,
exhorten, aconsejen y hagan una oración por nosotros.

II

Sin tiempo que perder

MI ÚNICA META ERA hacerle la vida más llevadera a Ericka y disfrutar al máximo de sus buenos tiempos. Y eso hice. Ericka era preciosísima, verdaderamente una belleza de niña. Físicamente se parecía a Paola, aunque tenía mucho de lo mío. Paola era idéntica a su padre. Ericka tenía un temperamento muy distinto al de Paola. Comenzó a hacer cosas a muy temprana edad y quise estimularla mucho, cuanto antes, pues sabía que llegaría el momento en que esto sería imposible de hacer. Ericka era muy despierta, e hizo cosas con mayor rapidez que Paola. Sin embargo, deseaba con todo mi corazón no sufrir más de lo que ya sufría, ni ver sufrir a mi hija como lo vi con Paola. Así que pasados unos días, hablé con Fernando para discutir con él la manera de dar una mejor calidad de vida a mi hija.

A esas alturas, aún no se observaba ningún síntoma alarmante, pero no quise esperar. Fernando fue muy sincero: «Ya que en México tenemos tan poca información de esta enfermedad, sugiero que analicen a Ericka en Estados Unidos. Les puedo recomendar con alguien allá para que le hagan los estudios necesarios y nos puedan dar mejores resulta-

> *Partimos a Los Ángeles, dejando a nuestra Rebequita que todavía no comprendía lo que estaba sucediendo. ¿Qué nos sucedería o cuánto tardaríamos? No lo sabíamos. Nuestros pastores fueron un apoyo inmenso junto con los demás líderes, quienes nos cubrieron con sus oraciones.*

dos que los obtenidos aquí con Paola y quizá podamos saber algo que aquí no sería posible...»

Lo pusimos en oración y Dios, en su fidelidad, abrió las puertas de manera increíble. Teníamos una amiga que vivía en Los Ángeles, quien nos puso en contacto con un médico especialista en esta enfermedad. Mi hermano Roberto y Tina, su esposa, radicaban en Los Ángeles y, para sorpresa nuestra, cuando les mencionamos el nombre del hospital donde laboraba este médico, resultó ser el mismo donde Tina trabajaba.

«Es un hospital de lo mejor, el más prominente», nos dijeron.

Al oír esto supimos que la voluntad de Dios era que fuéramos a ver todas las posibilidades y no dudaríamos en hacer todo lo posible por encontrar algo que ayudara a nuestra hija. Estoy convencida de que Dios sana. Nunca lo he puesto en duda. Sin embargo, no creo que Dios esté peleado con los médicos, ni con los avances científicos. Mi confianza no estaba en ello, sino en el Señor que nos guía y nos hace tener este tipo de contactos. Jamás dudé que Dios pudiera sanar a mi hija sin necesidad de médicos, como tampoco sentí oposición alguna de que hiciéramos todo lo que esta crisis nos demandaba y, por supuesto, Dios ya se había llevado toda la gloria por su dirección.

Partimos a Los Ángeles dejando a nuestra Rebequita, que todavía no comprendía lo que estaba sucediendo. Esta sería la primera vez que la dejaríamos tanto tiempo. ¿Qué nos sucedería o cuánto tardaríamos? No lo sabíamos. Nuestros pastores fueron un apoyo inmenso junto con los demás líderes, quienes nos cubrieron con sus oraciones, cuidando, además, al grupo de jóvenes durante nuestra ausencia.

¿Qué puedo decir de los jóvenes tan bellos? Nos despidieron con amor y con palabras cargadas de aliento y de esperanza. Algunos aseguraron que los doctores no encontrarían enfermedad alguna, que tuviéramos la confianza de que todo estaría bien. Me enternece recordar tantas palabras dichas con el corazón, que nos hicieron sentir sostenidos por todos. Recuerdo en especial lo que nos dijo un joven que nos ama mucho: «Soy maestro de niños en la Escuela Dominical y estoy seguro de que le voy a dar clases a Erickita. Tengan confianza, cuando regresen de Los Ángeles nos darán el testimonio de la sanidad de su hija...»

12

En Los Ángeles

ROBERTO NOS ESPERABA ansioso en el aeropuerto, deseaba conocer a su nueva sobrina. Su reacción produjo impacto. Al verla, se vio a sí mismo, pues era muy parecida a él y a Vivi mi hermana. Roberto nunca quiso tener hijos. De hecho no los soportaba, pero el ver su reacción entusiasta con Ericka fue para mí un honor. La cargó con ternura y la hacía reír. En aquel entonces, Ericka tenía unos cuatro meses y era muy sonriente. Reaccionaba a todos los estímulos que le rodeaban. Tina también reaccionó de manera parecida. La traía para arriba y para abajo, presentándola por todo el hospital: «Es mi sobrina», decía con orgullo a todo aquel que se le atravesara, «¿no es preciosa?» Cuando salíamos a comer o a cualquier otra parte, Roberto y Tina parecían los padres de Ericka. En Estados Unidos las personas son muy expresivas con los niños, al menos esa fue mi impresión, pues paraban a Roberto y a Tina constantemente para hacerle gracias a Ericka que iba en su carrito. «¡Qué hermosa niña tienen!», les decían, y ellos disfrutaban de esta nueva experiencia. Por supuesto que a la hora de cambiarle el pañal o darle de comer, me tocaba ser la mamá.

Roberto nos arreglaba citas por todas las oficinas de gobierno de los Estados Unidos. Los primeros días hicimos enormes colas para conseguir toda clase de papeles para que se nos otorgara un seguro médico. Aunque no sabíamos aún lo que harían a Ericka, no nos aceptaban en ningún hospital sin tener el famoso seguro médico. Por ser yo norteamericana de ciudadanía y Erick residente, todo se facilitaba. Sin embargo, no nos salvamos de hacer las enormes colas.

Comenzaron los estudios de sangre y nos interrogaron exhaustivamente sobre nuestro historial médico. Cuando se enteraron de que ya habíamos tenido una niña con la misma enfermedad, nos miraron como si fuésemos extraterrestres. Se interesaron sobremanera y nos pidieron los estudios hechos a Paola en México.

Eso fue un martirio.

Mi Paola ya tenía tres años de fallecida, y de alguna manera me la resucitaron al interrogarnos detenidamente sobre ella. Deseaban saberlo todo. Al hablar conmigo se sorprendían de todos mis conocimientos sobre la lipidosis y debo hacer notar que al principio no nos trataron muy bien. Me dio la impresión de que pensaban que por venir de un país tercermundista, rústico y retrasado, veníamos a buscar la cura que no puede existir en un sitio poblado de charros y de indios durmiendo bajo los rayos del sol. Alguien sugirió un trasplante de médula. Dije que yo me había opuesto

> *Me dio la impresión de que pensaban que por venir de un país tercermundista, rústico y retrasado, veníamos a buscar la cura que no puede existir en un sitio poblado de charros y de indios durmiendo bajo los rayos del sol.*

con Paola porque se nos había dicho que dentro de un año seguiría igual.

«Señora», dijo el galeno soltando un suspiro de impaciencia, «si usted viene aquí, es solo porque en su país no pudieron hacer nada. Nosotros vamos a determinar lo que se debe hacer. ¿De acuerdo?»
Se le hizo la punción de médula ósea.

A nosotros nos extrajeron sangre y a los pocos días nos citaron una serie de doctores y genetistas para darnos el veredicto en un ambiente que parecía más de sentencia que de resultados médicos. Para esto, ya habían transcurrido tres semanas y la desesperación comenzó a hacernos mella. Por fin, había llegado el día. ¿Acaso habría algo que pudiera mejorar la situación de Ericka? Ahí entendí más de la enfermedad de mis hijas. Me ampliaron el panorama, aunque el resultado sería el mismo.

—Ustedes tienen un nivel muy bajo de una enzima llamada esfigomelanilaza. Viven normal, pero en ambos esa enzima es baja. Al tener un bebé, ese bebé en el vientre vive con esa poquita enzima que la madre le pasa por el cordón umbilical. Sin embargo, al salir del vientre, la criatura no tiene casi nada de esa enzima y así no puede vivir.

»Esa enzima hace que las células grasosas y toxinas se puedan eliminar del cuerpo. Al no hacerlo, se retiene y se acumulan primero en el hígado y en el bazo. Por eso Ericka los tiene dilatados. Después estas toxinas invaden acumulándose en todo el cuerpo. Neurológicamente la afectarán, pues a causa de las toxinas, las neuronas dejan de recibir señales que el cerebro pasa, pero no responden porque están llenas de esas toxinas...

Después nos dijeron que la genética no tiene memoria. Que les parecía increíble que nos hubiera vuelto a suceder, algo así como echar una serie de monedas al aire y todas cayeran en cruz, y que si deseábamos volver a tener otro bebé, esta vez no ocurriría. Para estar seguros, había que saber si el bebé venía o no sano. Además, se podían separar los óvulos fecundados y saber cuál era el sano e implantarlo (microabortos, en pocas palabras). Siguieron diciendo cosas parecidas hasta que los interrumpí:

—Yo solo quiero saber si hay algo para que mi hija no sufra tanto...

Se oyeron carraspeos.

—Bueno —dijo uno de los especialistas—, hay investigaciones avanzadas sobre la lipidosis de Nieman-Pick. Se está tratando de sintetizar la enzima. Ustedes se enterarán de que hay cura, pero a su hija no le va a tocar.

—La niña no va a vivir más allá de tres o cuatro años. Cuando ya no pueda comer, podemos hacerle una sencilla operación para alimentarla por medio de sonda...

—O cuando llegue el tiempo de crisis, puede descuidarle alguna infección para que el final sea más rápido...

No podía creer lo que estaba escuchando. Estaba helada, petrificada de escuchar su lejanía con el dolor

Había una genetista hindú que se encariñó mucho con Ericka y le hacía sonreír festejándole. Cuando nos dieron los resultados, ella se quedó y lloraba conmigo.

—¡Cómo lo siento! Odio esta parte de mi trabajo, pues por lo general damos buenas nuevas a los padres... No me gusta verlos sufrir, y mucho menos a los bebés. Su niña es preciosa, de verdad que lo siento.

ajeno. *Nos hubiéramos quedado en México*, pensé. *Cuando menos Fernando nos dice las cosas de manera más tierna y no tan cruda.* Concluí que los genetistas, de tanto investigar enfermedades raras, sus mutaciones y ramificaciones, pierden por completo el contacto humano. Los ojos comenzaron a arderme por las lágrimas. De pronto, me puse de pie y les dije con marcada ironía:

—Ustedes no han de dormir pensando en todas estas cosas, ¿o sí?

Recuerdo que había una genetista hindú que había atendido a Ericka todo ese tiempo que estuvimos en el hospital. Se encariñó mucho con ella y le hacía sonreír festejándole. Después de darnos los resultados y tan pronto como todos los médicos se marcharon, ella se quedó y lloró conmigo.

—¡Cuánto lo siento! —dijo mientras se enjugaba las lágrimas—. Odio esta parte de mi trabajo, pues por lo general damos buenas nuevas a los padres... No me gusta verlos sufrir y mucho menos a los bebés. Su niña es preciosa, de verdad que lo siento...

Yo lo sentía más. Aquella eminencia de doctor, aquel especialista de la enfermedad, aquel otro que nos dijo que ellos decidían lo que se iba a hacer con mi hija, nunca nos dieron la cara. Al preguntarles a otros médicos sobre la posibilidad del trasplante de médula, de plano nos sacaron un libro y comenzaron a decirnos que en mil novecientos y tantos se trató de realizar esa operación a un niño que padecía dicha enfermedad y se vio que al año estaba igual.

—Ah, ¿no era entonces lo que les estaba diciendo?

—Pues sí, señora. La verdad no hemos avanzado mucho en esta enfermedad. Lo que podemos informarle se encuentra en estos libros, y eso solo son casos aislados, pues no todos se registran...

Se me hizo todo muy primitivo. Esperaba que en esos libros hubieran más avances o consejos. Pregunté muchas cosas, entre ellas si era bueno o no darle terapias de ejercicios a la niña. Me dijeron lo que ya sabía.

—Mientras la niña esté respondiendo, sí, pero en cuanto le incomode y llore, será mejor abandonarlos, pues estas criaturas no soportan ejercicios en el momento en que comienzan a deteriorarse...

¡Qué tristeza! No había nada nuevo. Ya todo lo sabíamos.

Erick había enfermado terriblemente desde nuestra llegada a Los Ángeles. Casi todo lo tuve que hacer yo, en gran parte porque domino mejor el inglés, pero como anoté antes, Erick había cambiado. Desde entonces percibí que no quería involucrarse demasiado, quizá para no sufrir tanto. De modo que se encerraba o se la pasaba durmiendo, tal vez para escaparse. O se enfermaba y no le podía exigir que participara. Se sentía mal físicamente y era difícil para mí, pues me parecía que era sobrecargarlo cuando no podía ayudarme. Sin embargo, íbamos juntos a todas partes, aunque él solo permanecía como oyente. Sufría tanto por su bebé, por él y por mí, que sus defensas físicas y espirituales mermaron y se enfermó. Le vuelvo a dar gracias a Dios por la familia del Señor, pues es maravillosa y, aunque pensemos que no necesitamos a nadie, no es así.

Art nos ministró tremendamente al decirnos palabras que han quedado grabadas en mi corazón:
—No se den por vencidos. Dios tiene la última palabra y siento que ustedes ya enterraron a su hija cuando todavía tiene vida...
Era cierto.

Roberto y Tina no son cristianos. Son unas personas maravillosas que nos atendieron a cuerpo de rey y nos ayudaron como nadie, pero nos hacía falta la convivencia con cristianos. Pasada la primera semana en Los Ángeles, buscamos a un pastor que en alguna ocasión había asistido a nuestra congregación durante algún seminario. A él y a su esposa los tratamos de localizar y cuando por fin lo logramos, les dijimos todo lo que hacíamos ahí. De inmediato vinieron por nosotros. Para nada vivían cerca, pero no les importó recorrer una gran distancia para estar con nosotros. Nos invitaron a comer y a pasar el día con ellos. Art y su esposa Joann fueron un refrigerio para nuestras almas; nos llevaron a su iglesia. Pastores y congregación oraron por nosotros y Art me permitió cantar mientras estuvimos en sus reuniones y nos bendijo tanto que no alcanzan palabras para agradecerles su hospitalidad. Una noche, en la que tenían una actividad en la iglesia, nos dieron refugio en su casa e insistieron en que nos quedáramos con ellos. Fueron de gran ayuda, pues Art nos ministró tremendamente al decirnos palabras que han quedado grabadas en mi corazón: «No se den por vencidos. Dios tiene la última palabra y siento que ustedes ya enterraron a su hija cuando todavía tiene vida...»

Era cierto.

De inmediato lo pensé cuando nos dijeron que no viviría más allá de tres o cuatro años. Recordé el funeral de Paola y agonizaba pensando en el de Ericka. Sin embargo, sentía que Erick sí estaba pasando por un tiempo de luto. Él ya había enterrado a Ericka en su corazón. Todos los planes e ilusiones forjados para su hija, se habían enterrado para no atravesar el penoso y doloroso trecho que nos esperaba. Por eso prefirió ausentarse y alejarse de la pena, permaneciendo ajeno a todo para no sufrir más de lo que ya sufría. Art nos ministró y dijo las cosas que tenía que decirnos, haciéndonos reaccionar positivamente. Dios tenía la última palabra sobre Ericka y nosotros debíamos reconocer su señorío, su majestad, su poder y saber que él era suficiente, nadie más. «Bástate mi gracia.»

Si pudiera recalcar algo, es la importancia de lo que podemos ser en el cuerpo de Cristo. ¡Qué bendición se recibe cuando alguien nos visita, ora por nosotros, nos apoya, nos escucha y nos levanta, aceptándonos tal y como somos! Nos necesitamos aunque Dios es nuestro todo. Es muy bueno habitar los hermanos en armonía. Quizá no nos den una respuesta, ni nos quiten un problema, pero el hecho de distraerle, de invitarlo a comer o de hacerse cargo de los hijos para tener un momento a solas, es una ayuda inapreciable de la familia de Dios.

Eddie, Vivi y mi mamá no dejaban de llamarnos. Querían saberlo todo y nos animaban con sus palabras de amor y de apoyo. No cabía duda de que estaban tan angustiados y confundidos como nosotros. Su apoyo, sus oraciones y su sostén fueron indispensables, pues como familia puedo decir que tengo el privilegio de contar con una que es extraordinaria. Todos querían ayudar hasta económicamente, y Dios nos bendijo tanto que pudimos ver su fidelidad en todas las esferas que nosotros ni nos imaginábamos, pero él sí. Una vez más, comenzábamos a ver la provisión de Dios para Ericka. A pesar de la tormenta que nos sacudía, Dios tenía el control. Hasta ahora lo había provisto todo desde que nuestra pequeña nació y podíamos ver su mano en el aspecto económico. Es un gran testimonio poder proclamar que él está atento a nuestras necesidades y que para Ericka no iba a faltar.

Roberto era el que no entendía mucho. En cierta ocasión nos dijo: «¿Cómo se les ocurrió embarazarse conociendo los riesgos que corrían?»

Esto me sacó mucho de onda, pero recordé cómo habíamos tomado esta decisión. Cuando uno ha tenido un hijo enfermo y le dicen que tiene un setenta y cinco por ciento de las probabilidades de que todo salga bien, el veinticinco por ciento restante se le hace poco. Es cuestión de reacciones. Para otros que conocen el riesgo como parte de la vida, no hay dudas en su mente. Son riesgos que uno corre, sabiendo que traerán consecuencias, pero poseyendo la madurez necesaria para enfrentarlas si se presentan. No se puede tomar el riesgo para luego en el momento crítico dejar la responsabilidad a otro. Uno mismo debe enfrentarlos. Por supuesto, causa dolor a muchos más, no solo a la familia inmediata de uno. Pero no había dudas, ni zozobra, ni angustia, sino una certeza de que Dios estaba incluido en nuestros planes y él jamás se equivoca.

No quiero meterme en el tema de que si Dios lo permite o no, tampoco voy a discutir si Dios lo sabía. ¿Por qué entonces envió a Ericka así? Para mí solo existe una explicación que me hace entender esto: Vivimos en un mundo en decadencia desde que el pecado entró en él. Si Dios nos mostrara de cuanto nos libra, no quisiéramos ni salir de nuestras casas. A Dios no se le pasó ni se quedó dormido. Simplemente, Erick y yo tenemos bajo un nivel de enzima y esto hizo que nuestras hijitas nacieran con este defecto genético. Oramos para que el Señor hiciera un milagro, que nos mostrara cómo y en dónde se podía adquirir esa enzima. Oramos con todas nuestras fuerzas y sí, muchas veces deseamos una explicación para librar a nuestra conciencia de culpas.

Es muy cómodo pensar que a lo mejor uno de los dos anda en pecado, o que alguno no tiene fe. En esos momentos, gran cantidad de ideas atraviesa el cerebro. Para mí «hubiera» ya no cabe en mi mente después de que uno decide algo. No le pedía a nadie que me quitara responsabilidad ni que mantuviera a mi hija. No culpaba a nadie ni esperaba que otra persona hiciera lo que me correspondía a mí,

> *Dios sigue sentado en su trono... Aunque el diablo es el padre de mentira, quiere hacer ver a Dios como mentiroso. Dios no se deja afectar por las circunstancias. Él no descansa ni duerme y está más interesado en nosotros, en nuestros hijos y en nuestros problemas, que nosotros mismos.*

así que traté de explicarle a Roberto de la manera más sencilla posible, cosas que de entrada no entendería: lo que se tiene que vivir para saber que no hay decisión sin consecuencias. Decidimos tener otro bebé y viniera como viniera, no lo íbamos a abortar. Ericka era una bendición, la enfermedad no, pero ella era mi niña esperada y amada y le daríamos la oportunidad de vivir lo mejor que se pudiera, en un ambiente de aceptación y amor como ningún otro niño tendría.

Dios sigue sentado en su trono, sigue siendo Dios; él nos sigue protegiendo y sigue siendo majestuoso. Aunque el diablo es el padre de la mentira, quiere hacer ver a Dios como mentiroso. Dios no se deja afectar por las circunstancias. Él no descansa ni duerme y está más interesado en nosotros, en nuestros hijos y en nuestros problemas, que nosotros mismos. El Señor no se preocupa por el «qué dirán»;

usa todo para su gloria, con o sin nosotros. Pensemos lo que pensemos, él siempre tiene la última palabra sobre nuestras vidas, pues le hicimos Señor sobre ellas, ¿o no? Le dimos el control y le entregamos las riendas de nuestras vidas, incluyendo también a nuestros hijos. ¿Es Señor de todo, o nada más que de un pedacito de nuestro ser? ¿Es sabio siempre, o solo cuando nos bendice? Él es digno de ser amado y alabado porque él nos amó primero y nos ha hecho sus hijos, a pesar de lo que somos y hacemos.

En este asunto tenemos mucho que aprender. Se predica de la sanidad —en la que creo—, la prosperidad —en la que también creo— y en la bondad de Dios, pero raras veces se habla de las cosas que Dios permite que nos pasen y que jamás entendemos por qué nos suceden. Una cosa es cierta: Él sigue siendo Señor, ¿o lo vamos a destronar a cada momento cuando algo no nos parece bien? Yo no tenía problema con esto, simplemente sabía que así como con Paola aprendimos muchas cosas y salimos adelante a pesar de lo vivido, Dios no nos abandonaría ahora. Todavía tenía mucho que trabajar con nosotros y no desaprovecharía tan buena oportunidad para hacerlo.

Quizá Roberto no entendió muchas de las cosas que dijimos o hicimos, quizá él no fue el único que se preguntó esto, de eso estoy segura. Cada cual tiene su propia visión de la vida y de las decisiones que toma. Eso sí, la paz que sentimos cuando le pusimos ante Dios nuestro deseo de tener otro bebé fue tan real, como la que sentimos al saber que yo estaba embarazada. Puede uno angustiarse, dolerse de la situación, sentirse mal y muchas veces desesperado y aun así, en medio del horno de la aflicción, no perder la paz y el gozo que Dios le da para seguir adelante enfrentándolo todo, sabiendo que hay cosas que solamente puede hacer uno mismo y nadie más. Es algo que se llama contentamiento, muy diferente a la resignación o al conformismo. Estar conforme es adaptarse a lo que venga; resignación es sumisión a la voluntad de otro. Es decir: «Bueno, ya ni modo, que pase lo que sea, la voluntad de Dios.» No. Contentamiento es estar satisfecho a pesar de lo que uno está viviendo, es estar más alegre, contento con lo que tiene, sea bueno o malo. ¡Atención! No es decir: «Ay, estoy contento por la forma en que el diablo me está zarandeando.» No es pasividad, es luchar en contra de lo que el diablo quiere hacerle, que es robarle la paz y el gozo. Estar contento es lo que Pablo escribe en Filipenses 4:11–13 (NVI):

> No digo esto porque esté necesitado, pues he aprendido a estar satisfecho en cualquier situación en que me encuentre. Sé lo que es vivir en la pobreza, y lo que es vivir en la abundancia. He aprendido a vivir en todas y cada una de las circunstancias, tanto a quedar saciado como a pasar hambre, a tener de sobra como a sufrir escasez. Todo lo puedo en Cristo que me fortalece.

También en Hebreos 13:5-6 (NVI) hay un mensaje que me encanta:

> Manténganse libres del amor al dinero, y conténtense con lo que tienen, porque Dios ha dicho:
>
> «Nunca te dejaré; jamás te abandonaré.»
>
> Así que podemos decir con toda confianza:
>
> «El Señor es quien me ayuda; no temeré.
>
> ¿Qué me puede hacer un simple mortal?»

¿Cómo contentarse con tan tremenda situación? ¿Cómo permanecer gozosos y con la fe de que Dios tenía todo el control de nuestras vidas si teníamos tan presente lo vivido con Paola? ¿Cómo estar alegres al tener frente a nuestros ojos una hija bella que no tardaría en cambiar su sonrisa por un rictus de dolor para luego marchitarse lentamente? ¿Cómo mantener el equilibrio cuando estábamos volviendo a vivir una situación en la que preferíamos ser nosotros los que sufriéramos y no nuestra bebita?

Teníamos que hacerlo. Tendríamos que buscar en Dios el contentamiento, no por lo que estábamos pasando, sino a pesar de ello. Probablemente se ha observado que utilizo en demasía «a pesar de», pero es importante destacarlo, a pesar de lo que le esté atribulando, puede estar contento. Pueden ayudar mucho los factores, pero el más importante es salir adelante con la frente en alto, sabiendo en quién está confiando y que a pesar de las malas noticias, puede permanecer con una entereza sobrenatural, pues el contentamiento y el salir adelante no sale de nosotros; es lo que añade Dios a nuestras circunstancias: su poder, su soberanía. Lo que atravesamos en lo natural, lo podemos enfrentar contentos con lo sobrenatural de Dios. Sin él, sencillamente no podríamos hacer nada.

Pensando en mi testimonio y en cómo era antes, probablemente sin conocerlo a él, hubiera «agarrado la jarra» para ahogar en alcohol mis problemas, y a saber qué clase de mamá hubiera sido. Quizá me hubiera suicidado o arrojado el problema a quien se dejara. Sin embargo, aunque triste y llorando, pero no vencida, tomé al toro por los cuernos con solo esa fuerza que nos da el Señor de los ejércitos.

13

Luz en la noche oscura
del alma

ERICK Y YO NOS QUEDAMOS en los Estados Unidos hasta noviembre.

Toda la familia estaría en Los Ángeles pasando la Navidad con Roberto y Tina. Los doctores, aprovechando esa oportunidad, querían hacer análisis a la familia. Como a Ericka ya no había nada más que hacerle, decidimos regresar a México, pues extrañábamos terriblemente a Rebeca. El recibimiento fue fenomenal y también mi familia nos esperaba con gran amor. Muchas personas nos dieron la bienvenida, pues sabían lo sucedido y estaban dispuestos a apoyarnos en la batalla. Nos animamos mucho, pues las oraciones de tantas personas habían sido nuestro sostén durante los tiempos de incertidumbre y soledad. Ahora era un refrigerio volver con nuestra Rebeca que nos había echado de menos tremendamente, como también con los jóvenes ansiosos de oír lo que había pasado y cuyo afecto nos alentaba. De los líderes, ni hablar. Ericka fue levantada en oración en cada reunión y mucha gente se fue enterando de lo que pasaba.

Mi Ericka crecía preciosa a pasos agigantados, comía muy bien y hacía cosas que mi Paola nunca logró hacer. Ericka sentía una atracción muy grande por Rebeca, pues la veía con admiración, sabiendo que ella era la grande... y Rebeca era feliz con la reacción de su hermanita. Durante un tiempo volvimos a ser una familia. Llegó la Navidad y partimos todos, primero a asolearnos a Puerto Vallarta con Eddie, Cristina y su hija Tania y de ahí volamos a Los Ángeles.

Guardo fotografías de esos tiempos tan increíbles. En la playa las niñas se divirtieron y jugaron como pocas veces, aunque Rebeca percibía nuestra muda angustia y preocupación. Sacar adelante a Rebeca se había vuelto otro de mis retos pues con lo que nos esperaba, su vida se podría ver afectada en todos los planos. Ahora bien, quiero dejar claro que no habíamos perdido la guerra, ni nos habíamos resignado a una vida horrible, impregnada de dolor. No, confiábamos en que Dios podría sanar a nuestra nena. Sabíamos que él lo podría hacer y se lo pedíamos, pero conforme pasaba el tiempo y no se manifestaba esa sanidad, nos fuimos preparando para enfrentar lo que ya conocíamos por Paola: días difíciles.

Rebeca no tardó en darse cuenta de que Ericka recibía atenciones que a ella no se le prodigaban. Todos querían orar por Ericka y todos preguntaban por ella. Pero para Rebeca, ni un lazo. Tuvimos que cuidarnos mucho para no herirla, dada la extrema sensibilidad de Rebeca, y de mantener un equilibrio de amor y atenciones entre ambas para evitar un sentimiento de preferencia hacia una o de rechazo hacia la otra.

Llegamos todos a Los Ángeles, excepto Vivi y Jorge. Cristi, a pesar de tener un embarazo avanzado, se fue con nosotros y casi no se quejó, debido quizá a que es una persona muy fuerte. Roberto había comprado una camioneta muy grande para trasladarnos a todos juntos. Así fuimos por la ciudad viendo las casas adornadas e iluminadas con motivos navideños. Escogíamos en conjunto a dónde ir y nunca faltaron los chistes ni el buen humor. Somos una familia unida y con un sentido del humor privilegiado. Son muchas las cosas que nos mantienen unidos y cualquiera corre a ayudar al otro, como lo estaba yo viviendo en ese momento. El sentido del humor de la familia es un don de Dios. No puedo decir que mi mamá o mis hermanos sean insensibles al dolor, pero nunca ha faltado una palabra de aliento, una ayuda práctica o mucho amor. Es el don de ver la tempestad sin perder el gozo. Esto no

> *El sentido del humor de la familia es un don de Dios. Nunca ha faltado una palabra de aliento, una ayuda práctica o mucho amor. Es el don de ver la tempestad sin perder el gozo.*

significa que no nos peleemos; al contrario, por ser todos de carácter fuerte y explosivo, de repente estalla un pleito que a los cinco minutos se disipa y todos siguen como si nada. Creo que siempre nos acostumbramos a hablar y a enfrentar las situaciones y, sobre todo, a ser transparentes. Me he dado cuenta de que mucha gente usa una máscara distinta para cada situación, que no pueden enfrentar a los demás y evitan el conflicto, cuando debe haber comunicación y decir lo que le gusta o no. No es bueno guardar afrentas y disgustos; por eso, en mi familia no nos ofendemos cuando decimos lo que pensamos y sentimos.

El viaje lo disfrutamos muchísimo. Ericka estaba feliz, todos la traían para arriba y para abajo. Para nada fuimos al hospital. Solo mamá acudió para que le hicieran un estudio enzimático y con eso ver de qué lado de mi familia venía el asunto; resultó que ella lo tenía perfecto. Entonces, había sido por parte de mi papá. Con esto se vino abajo la teoría de que la culpa la tenía mi bisabuela judía. ¡Qué bueno! Seguramente ella dejó escapar un largo suspiro de alivio. A nadie de la familia de Erick pudieron analizar y ninguno más de mi familia quiso asistir, y realmente, qué más daba. Todos nos encogimos de hombros.

Deseaba tener todas las fotos posibles de mi Ericka. Captar los momentos preciosos que estábamos pasando con ella. Si uno supiera que tiene poco tiempo para disfrutar a los hijos, haría lo imposible por crearles memorias a ellos y a uno mismo, para luego recordar esos momentos que ya jamás regresarán. Es muy importante disfrutar a los hijos. Sé que cada hijo tiene problemas distintos, pero si usted supiera que pronto el Señor los iba a llamar a su presencia, ¿cómo actuaría con ellos? Creo que los disfrutaría al máximo, en vez de perder el tiempo peleando o tratando de hacerlos a su manera.

Hoy veo esas fotos una y otra vez. Cuando estaban sanas, cuando sonreían, veo a mis hermanos hacer lo imposible por llamarles la atención y arrancarles una sonrisa para la foto y, aunque nunca lo mencionamos, todos pensamos lo mismo: «Voy a disfrutar a esta bebita todo lo que se pueda.» Al ver a mis hermanos hacer esto, se creaba en mí un sentido de seguridad, de saber que no luchábamos solos, que ellos también cargaban con nosotros esta situación, que de estar solos nos hubiera aplastado.

¡Roberto hacía cada cosa! Se colgaba a Ericka en el cangurito y la traía de allá para acá, dando brincos o haciendo fiestas para evitar que llorara. Otro día decidió quedarse con ella en casa para permitirnos ir de compras y cuando regresamos, Roberto había ideado todo un sistema de pedestal de micrófono para darle su alimento.

Al recordar esos días, me siento contenta de estar con mi gente favorita: mi esposo, mis hijas, mi mamá, mis hermanos, mis cuñadas. Veo a Rebeca, a Tannia y a Ericka retratadas desde todos los ángulos y posturas posibles. Fue un viaje sensacional, con un cúmulo de recuerdos para echar mano de él algún día y ver lo muchísimo que tuvimos y gozamos. Es importante apreciar esos momentos que vienen y se van. Podrá rodearlos un océano de malas noticias y aflicciones, pero existe un salvavidas que nos mantiene a salvo (sin dar importancia a lo turbulento del mar) que nos impide ahogarnos en las tristezas y amarguras. El Señor brinda ese salvavidas que nos llena de buen humor, nos rodea de amistades y de familia y nos da momentos gozosos.

Por ello insisto en que aprendamos a valorar a nuestros hijos en todo tiempo. Sí, algunos serán haraganes, otros tímidos, unos tendrán hábitos que nos obligarán a trabajar horas extras para quitárselos, otros obedientes, algunos con habilidades extraordinarias. En fin, todos muy diferentes. Hay que localizar las debilidades y fortalezas de cada uno para ayudarles a salir adelante y sobre todo aprovecharlos, pues no sabemos el tiempo que Dios nos permitirá estar con ellos. No es fatalismo, es una realidad. No tenemos la vida comprada y para evitar el amargo «hubiera» hay que hacerlo hoy...

> *Estaba dispuesta a crearles recuerdos a mis hijas para que cuando ellas evocaran su infancia, pudieran decir que, a pesar de todo, la tuvieron dichosa y llena de belleza.*

Estaba dispuesta a crearles recuerdos a mis hijas para que cuando evocaran su infancia, pudieran decir que, a pesar de todo, la tuvieron dichosa y llena de belleza. Cada acontecimiento, sobre todo con Rebeca que ya asistía a la escuela, me esmeraba en hacerlo particularmente único y especial, pues ella estaba muy pendiente de la atención que le brindara. Tuve mucho cuidado de no descuidar alguna fecha significativa ni algún suceso importante para ella. En cuanta fiesta, clase abierta o festival se organizara en torno a Rebeca, ahí estaba yo y a veces Erick. Sabía que vendrían los días en que sería difícil moverse con Ericka, de modo que mientras se podía ir, íbamos a todo.

Le animo a que aproveche esos momentos. La vida se va muy rápida, y es de gran satisfacción mirar atrás y ver todo lo hermoso que uno dejó en la memoria de los hijos. Recuerdos que harán de su infancia y de su juventud algo digno y bonito de recordar.

Eddie, Cristina, Tania y mamá regresaron a México. Nosotros nos quedamos una semana más, ya que Roberto me ayudó a grabar un tercer casete de música cristiana. Otra cinta grabada en medio de tiempos difíciles. No cabe duda de que Dios usa todos los medios para sacar lo malo de la carne y forzar al espíritu (simple frase, pues él es un caballero y nunca obliga a nadie) a salir de la rutina y de la autocompasión, para alabarlo en medio de la tribulación. Aquí se hacía realidad una vez más el tema de una canción que Eddie escribió:

Señor Jesús, aquí estoy
sabiendo que tú oyes
mi humilde oración.
Señor Jesús, en este día especial
no vengo a pedir,
no vengo a gemir.
Solo vengo a decirte:
Te amo.

Mi hermano me brindó su tiempo y talento para seguir adelante en este ministerio tan bonito que es poder edificar a otros con cantos y música dedicados a Dios. El Señor se mostró fiel, pues mi deseo era glorificarle con el canto. Con Paola había aprendido a brindar mi talento y tiempo todos los días, tuviera ganas o no. Al alabarlo, al decirle que es digno, al levantar la voz, a veces en un esfuerzo sobrehumano, él se manifiesta con una paz que de pronto nos inunda y uno llega a ver a los problemas como él los ve. Todo cambia y ya no nos sentimos tan angustiados, ni tan temerosos por lo que ha de venir. Esta fue la fuerza que en medio de la tormenta me permitió gozar.

14

De regreso a casa

PRONTO REGRESAMOS a la rutina. Rebeca volvió a la escuela y con ella las interminables quejas por su conducta, la cual parecía ir empeorando con los días. Sin embargo, era una bendición que estuviera en la escuela de la congregación, donde nuestra situación ya era conocida y gracias a lo cual, las quejas se espaciaran un poco más, dándonos una tregua. Tampoco faltó quien nos ofreciera ayuda dentro del mismo plantel. Que Dios los bendiga.

Lo que me sorprendió a nuestro regreso a los grupos en casa fue hallarme a muchísimas personas enojadas, furiosas con Dios. Varias veces escuché cosas como estas: «¿Cómo es posible que Dios haya permitido que les pase esto a ustedes que lo sirven a él?» La indignación era genuina. Otro más llegó a decir: «No puedo seguir adelante. Si a ustedes, que son personas entregadas y que le sirven a él les pasa esto, ¿qué puedo esperar yo?»

Comentarios similares se multiplicaron. Yo no estaba enojada con Dios, ni mi pregunta era: ¿Por qué? ¿Por qué a mí? La verdad es que llegué a pensarlo pero, ¿qué tal si me contestara: Y por qué no? ¿Por qué no a ti? ¿Qué tal si agregaba: «Es para que consuelen a otras personas que están pasando por lo mismo»? Dios es soberano, pudo haberme contestado así. Después de todo, en su palabra lo dice:

Alabado sea el Dios y Padre de nuestro Señor Jesucristo, Padre misericordioso y Dios de toda consolación, quien nos consuela en todas nuestras tribulaciones para que con el mismo consuelo que de Dios hemos recibido, también nosotros podamos consolar a todos los que sufren. Pues así como participamos abundantemente en los sufrimientos de Cristo, así también por medio de él tenemos abundante consuelo. Si sufrimos, es para que ustedes tengan consuelo y salvación; y si somos consolados, es para que ustedes tengan el consuelo que los ayude a soportar con paciencia los mismos sufrimientos que nosotros padecemos. Firme es la esperanza que tenemos en cuanto a ustedes, porque sabemos que así como participan de nuestros sufrimientos, así también participan de nuestro consuelo.

2 Corintios 1:3–7 (NVI)

Todos buscamos respuestas para acallar nuestra conciencia. Luego decimos: «Si fulano está pasando por esa desgracia, es porque seguramente anda en pecado.» ¡Ah! Soltamos un suspiro de alivio. «Claro, Dios no falla, el hombre sí, por eso le vino lo que le vino, y como yo no pienso caer en lo que fulano cayó, a mí entonces no tiene por qué sucederme eso jamás.»

Como si necesitáramos una respuesta tangible y lógica para no rebelarnos contra él. No dudar de seguir en el camino o tener confianza. Lo curioso es que yo no estaba enojada. Tuve que consolar a muchas personas que estaban enojadas por mi situación, porque les parecía injusto lo que me pasaba, *siendo yo tan justa...*

Bueno, no siempre se tienen todas las respuestas. Quizá cuando estemos en la presencia de Dios podamos preguntarle el porqué de algunas cosas, aunque ya no tendrá mucha importancia hacerlo, pues habremos llegado a la meta. Dios sigue siendo Dios. Él usa cada problema y cada situación para sacar lo mejor de nosotros, para hacernos crecer, madurar y valorar las cosas. Todo lo usa para nuestro bien. Es ridículo enojarse con él en situaciones así, pues es cuando más lo necesitamos. Nos enemistamos con Dios en los momentos en que definitivamente no podemos hacer nada, solo dejarnos caer en sus brazos, dejar que su amor y su consolación fluyan, que su amor, su paz y su gozo nos abracen, sentir que él está en control de todo y que sí vamos a poder seguir adelante. Él conoce su potencial y sabe de sus límites. Hay cosas que Dios aprovecha de las situaciones inexplicables para cambiarnos, y eso generalmente lo vemos después, cuando ya todo pasó y ni cuenta nos damos del cambio que ya fue realizado. Sin embargo, durante la prueba, la aflicción, el horno candente de la tribulación, él desea que escuchemos su voz diciendo: «Tú puedes, eres mi hijo, tienes la fuerza para seguir adelante...» Y desfallecemos musitando: «Ya no puedo más.»

No soy mujer poseedora de una gran fe. Quizá como usted, caí, lloré y me desesperé, pero al recordar que sin Dios no hay nada que podamos hacer, volvía una y otra vez a buscar el amparo de sus brazos.

«Puedes. Yo te conozco, mis ojos vieron tu embrión, tienes el poder de vencer esto porque yo te hice. Eres mío...»

Y uno revive. Alguien maravilloso cree y confía en usted. ¿Para qué cuestionarse tanto si Dios lo permite, o si alguien está en pecado (en una situación así, uno se arrepiente hasta de lo que no hizo)? El temor, la angustia y la condenación no vienen de Dios. El diablo es quien trae la incertidumbre y logra hacernos enemigos de Dios por medio del enojo, de la amargura y de compararnos con los impíos a quienes les va tan bien, que todo lo tienen resuelto y son prósperos. Mientras que acá nosotros, los pobres cristianos, somos víctimas predilectas del sufrimiento. Una vez lanzada una mirada de envidia a los paganos, el diablo ya se habrá anotado una batalla a su favor.

No soy mujer poseedora de una gran fe. Por el contrario, soy débil en muchas cosas y, quizá como usted, también caí, lloré y me desesperé, pero al recordar que sin Dios no hay nada que podamos hacer, volvía una y otra vez a buscar el amparo de sus brazos, y él siempre extendió sus manos, nunca me las cerró. Cierto, de repente, en medio de la soledad necesitaba un apoyo, un pequeño empujón, y solo hallaba frases hechas, palabras vacías o religiosas. Por ello, el Señor manda a quienes menos esperamos en su tiempo.

El diablo no se dio por vencido e insistió en robarme mi paz y mi gozo. Después de todo, ya conocía esa prueba... pero sentirla de nuevo, verla entrar otra vez a mi casa, no fue sencillo. Con sutileza el adversario quería ponerme su pesado yugo de opresión, de incertidumbre, de muerte y, por supuesto, de resentimiento contra Dios. Conmigo no iba a poder. Había cambiado, no era la misma y sabía que: «Mayor es el que vive en mí que aquel que anda en el mundo.» Definitivamente, no me iba a dejar devorar tan fácilmente. Lucharía.

15

Llueve sobre lo mojado

DE NUEVO TUVIMOS QUE TOMAR decisiones ante la avalancha de personas cargadas de las mejores intenciones que nos ponderaron y recomendaban a sus médicos. Ignoraban que habíamos ido y regresado de Estados Unidos en busca de algo nuevo para Ericka.

Nos rogaban que fuéramos a ver a ALGUIEN, que no dejáramos pasar el tiempo. Sin duda, pensaban que no estábamos haciendo nada y después del enésimo: «Gloria, por favor, llévala con esta persona porque no hay peor gestión que la que no se hace», me daban ganas de contestarles muchas cosas. Sin embargo, aprendí que lo mejor era sonreír y agradecer las buenas intenciones.

A veces, nada más decía: «Mira, dile a tu médico que mi hija tiene lipidosis de Nieman-Pick, si él conoce de algo que pueda hacerse, dímelo y con gusto iremos...»

Muchas personas ya no volvieron a decirnos nada. Seguramente sus doctores les habían dicho de lo grave del asunto. También visitamos homeópatas. Gente que había investigado «aminoácidos de quién sabe qué» y médicos con supuestos paliativos. Acudimos a todas estas citas, bajo presión, para que no se pensara que no hacíamos nada por

> *Ya no surgieron más profetas, ni gente con visiones o sueños de la sanidad de Ericka. Muchas personas que habían conocido a Paola, se hallaban perplejas, confundidas y se apartaban de nosotros sin saber qué decir.*

nuestra hija o porque la consulta había sido pagada de antemano por personas llenas de sincero amor y movidas a compasión. Una y otra vez oímos lo que ya sabíamos. Nos retirábamos agradecidos por su genuina preocupación.

No tardaron en desaparecer los supermédicos, los inventos o las curas milagrosas. Yo solo tenía paz y confianza en Fernando, nuestro pediatra. Confieso que soy la primera en recomendar a todos mis médicos. No me opongo a que ofrezcamos ayuda, pero démosle libertad a las personas o permitámosles preguntar si sabemos de alguien que pueda ayudarles. Para mí es más que obvio que cualquier padre con un bebé enfermo, ya hizo TODO lo que había de hacerse para sanar a su hijo. Y agotados los recursos, hay personas que incluso acuden a lugares equivocados. ¿Habrá alguna madre, algún padre, que no haga nada por aliviarle el dolor a su vástago?

Necesitamos darle libertad a los padres afligidos y por sobre todo, respetar sus decisiones. No presionemos a los que ya cargan sobre sus hombros el pesado flagelo de tener un hijo enfermo. Dios los guiará a la persona indicada como lo hizo con nosotros.

Ya no surgieron más profetas, ni gente con visiones o sueños en cuanto a la sanidad de Ericka. Muchas personas que habían conocido a Paola, se hallaban perplejas, confundidas y se apartaban de nosotros sin saber qué decir. Creo que ayudó mucho seguir adelante con nuestras actividades como si nada hubiese ocurrido. Nos veían felices con los jóvenes, gozándonos con nuestra familia, haciendo lo que siempre habíamos hecho. Otros se sentían mal por nosotros. Evitaban preguntar cómo iban las cosas. Se imaginaban lo que estábamos pasando y se angustiaban discretamente por ello. Lo que debo agradecer enormemente son las oraciones de conocidos y desconocidos porque de ellas sacamos fuerza. Nos cansábamos, pero nos animaba sobremanera saber que teníamos a todo un ejército sosteniéndonos. Al vernos cumplir con las cosas de la escuela de Rebeca, con el ministerio de la congregación y con la vida, todos los enojos, todas esas preguntas y todas esas confusiones desaparecieron, pues veían la gloria de Dios en nosotros. Es increíble como uno no está consciente de ser de bendición ni edificación para nadie, mucho menos para que todos digan: ¡Ah! Ese sí que es un testimonio. Dios sí lo hace. Él tiene una razón, un motivo, un propósito y las personas lo verán con, o a pesar de, nosotros.

16

Las terapias

LUCÍA TRAJO A SU HERMANO pediatra, junto con una terapeuta para Ericka. Vendrían a mi casa para darle sesiones de ejercicios a la bebita, con el acuerdo de que serían suspendidas en cuanto Ericka llorara demasiado o ya no avanzara. Así fue como llegó Alejandra, mujer llena de ternura y de una experiencia impresionante. Fue una bendición que pudiera venir y así evitarme el atravesar la ciudad con Ericka. Tuve que organizar mis días con las terapias de ambas niñas. Rebeca avanzaba, a pesar de todos sus problemas. No sabía cuánto tiempo iría a durar Ericka, pero era hermoso ver los adelantos obtenidos con el estímulo que Alejandra le daba por medio de los ejercicios.

Yo también tuve que aprender a hacérselos, pues cuando Alejandra no podía venir, yo tenía que ser la terapeuta. Para mí fue difícil pues ni tenía la paciencia ni el carácter para plantarme a hacer lo que Alejandra hacía con tanta naturalidad. Y por mi mente invariablemente pasaban pensamientos tales como: «¿Para qué, si después de todo se los vamos a dejar de hacer y por más que avance, después se deteriorará?» No tardaba en incorporarme para armarme de valor y hacerle los famosos ejercicios a mi niña.

Claro que avanzó. Fue increíble ver las reacciones de Ericka. Todo lo disfrutaba, veía las pelotas sobre las que la sentábamos, estaba atenta ante los juguetes con los que trabajábamos y le gustaba el movimiento y la distracción de las terapias para que hiciera cosas. Su pequeño cuerpo se hacía cada vez más firme logrando hacer y aprovechar más cosas. Me sorprendía ver cuán diferente era de Paola. La fuerza de Ericka era muy especial. Esto a veces me entristecía, ya que me debilitaba al pensar que perdería todo lo que mis ojos veían en ella ¡Qué lucha! Era agotador batallar contra esos pensamientos de muerte y de destrucción. El diablo no nos da treguas en situaciones así. La batalla desgasta, pero uno sabe que si baja la guardia, salta encima para matarle.

Solo podía recordar, una y otra vez, que tenía una responsabilidad con mis hijas y esta era sacarlas adelante a costa de mis pensamientos, mis fatigas y mis sentimientos. Si era amor, si era seguridad o si eran las terapias, pues a dárselas para afirmarlas en sus caminos y apoyarlas a lo largo de sus vidas. Repito, fue difícil. No soy nada paciente con tareas y trabajos de niños, pero sabía que no solo era responsabilidad de los médicos y de las terapeutas. Así que a darle ánimos a ambas cuando lograban algún avance.

Rebeca veía las terapias de su hermana y le explicaba que ella tenía las suyas muy diferentes. Por supuesto, Rebeca quería hacer lo que Ericka, puros ejercicios, y me enseñaba emocionada: «Mira, mami, yo sí puedo hacerlo.» No se sentía aislada, pues las dos tenían atención especial.

Con frecuencia pensamos que los doctores y los terapeutas son profesionales que tienen la obligación de trabajar para nosotros, que nos tienen que dar todo tipo de respuestas y sacar, además, a nuestros hijos adelante. Después de todo, para eso les pagamos o les paga el gobierno. Ver a terapeutas que dedican su vida a ayudar a incapacitados, siendo esa la profesión que escogieron, a mí me parece algo hermoso e increíble. En efecto, no solo ayudan al enfermo, sino que también preparan a los familiares para que saquen adelante a su paciente.

Me he encontrado con padres enojados con las terapeutas, porque piensan que tratan con rudeza a sus hijos o porque reciben regaños cuando no hacen la tarea encomendada. Hay que entender que este es un esfuerzo unido, un frente común de todos los que tienen contacto con la persona enferma. A veces los hacemos más incapacitados, más enfermos, con nuestra protección, pensando que se les debe consentir dándoles más atención que a otros miembros de la familia. Si la terapeuta los trata con más fuerza de la que nosotros consideramos normal o

Somos capaces de dar la vida por nuestros hijos, tanto que descuidamos a nuestros esposos o esposas. No creo que Dios quiera que dejemos de vivir cuando tenemos una situación difícil. Hay que guardar las prioridades que Dios determina.

nos regaña... ¡Uy, arde Troya! Llegan hasta sacarlos de la atención médica, prefiriendo que el niño no avance, dejándolo en casa más enfermo de lo que en realidad está. Debemos comprender que a médicos y a terapeutas les interesa mucho que sus pacientes salgan adelante, no solo por el interés económico, como muchos piensan, sino porque ese es su reto. Esa fue la carrera que eligieron y no hay satisfacción mayor que ver el fruto de su trabajo. Si como padres somos los primeros en obstaculizar, pensando que no tienen la sensibilidad suficiente, es necesario hacer un alto y analizar si efectivamente lo están maltratando, o si somos nosotros, con un exceso de culpa o de sobre protección, los que los estamos enfermando más de la cuenta.

Eso sí, somos capaces de dar la vida por nuestros hijos, tanto que descuidamos a nuestros cónyuges. O, según sea el caso, a los hijos restantes o a nosotros mismos. No creo que Dios quiera que dejemos de vivir por tener una situación así de difícil. Hay que guardar las prioridades que

Dios determina y así seremos de más ayuda a nuestros hijos que si quedamos como trapos, sin fuerzas y sin ánimos. Ah, pero cuánto los amamos... Creo que debemos recurrir a quien sea para buscar orientación a fin de que nos ayude a salir del hoyo, pues pensamos con frecuencia que lo podemos todo. Luego toda la familia sufre con decisiones que no benefician a nadie. Conozco a familias que se van a extremos inconcebibles por sacar adelante a sus hijos, cuando debe haber un balance en todo porque lo que hagamos por ellos nunca bastará. Siempre habrá algo más que hacer.

Hay terapias de todos tipos, sabores y colores. Creo firmemente que debemos de buscar la más directa, la más cercana al problema de nuestros pequeños. He oído de tratamientos con nombres estrambóticos y caros que, además, sirven de muy poco, pues no tienen bases sólidas. Intervienen en ellas personas sofisticadas que están de moda y muchas veces nos vamos con ellas. Lo mejor es buscar la guía del Señor y sentir su paz para dejar a nuestros hijos en la terapia que sea necesaria. A mí me sucedió con Rebeca. Todos querían evaluarla: La que había salido de la escuela de pedagogía, la hermana sicóloga de una amiga, la cuñada de la maestra, etc. Una serie de personas que junto con la evaluación anexaba ejercicios y terapias, todas tan distintas que llegó un momento en que me harté y me cerré por un tiempo a todo tipo de sugerencias que las personas emitían en su afán de ayudarme. Esto me ocasionó, además, una gran angustia, pues sentía que veían en Rebeca más de lo que en realidad tenía. Me llenaba de preocupación y de tristeza cada vez que oía el inefable: «¿Qué tiene tu hija? ¿Por qué es tan activa?»

Yo la veía avanzar, quizá no en todas las esferas, pero definitivamente avanzaba. Sabía lo que era tener una hija enferma, sin progreso. Entendí entonces que otros ponen normas, patrones y estructuras y enmarcan a los demás según piensan que debe ser uno, sin darse cuenta que con comentarios así, se hace un daño terrible, por más fuertes que parezcan los padres. Es cuando uno comienza a buscar al hombre, no a Dios, y esa búsqueda errática no hace otra cosa más que desorientarnos.

Durante mucho tiempo no quise saber de terapias para Rebeca.

Tantos comentarios adversos me hicieron sentir que tenía a Rebeca con la persona equivocada, el lugar equivocado y la terapia equivocada. Terminé por no creerle a nadie y durante un año estuvo sin terapias. Regresé al paso número uno y

Fernando nos aconsejó que no nos preocupáramos por lo que otras personas veían en Rebeca. Que era una niña muy especial, con una ternura y unos detalles fuera de lo común.

fui con Fernando, mi pediatra, a solicitarle su opinión y ayuda porque en la escuela no cesaban las quejas por su comportamiento. Un día entendía perfectamente algo y al siguiente, ya no se acordaba de nada. ¡Qué daño tan grande le podemos hacer a nuestros hijos cuando no entendemos que tienen un problema!

Como Rebeca era muy inteligente, pensábamos que fingía y la forzábamos demasiado, disciplinándola cada vez que nos daban una queja por su proceder en la escuela. Era muy impulsiva y por desear abrazar a los niños que no querían ser abrazados, los sometía a la fuerza y así comenzaban los problemas, por citar un ejemplo de muchos. Hablábamos con ella, le explicábamos y parecía entendernos, pero seguía con una conducta extraña para nosotros. Vi que con nuestros métodos no lográbamos nada, por más que tratábamos que nos obedeciera, que pusiera atención y se estuviera sentada. Ella se frustraba y nosotros también. En definitiva, necesitaba terapia, ¿pero cuál?

Como siempre, con la paz y la confianza que lo caracterizan, Fernando nos aconsejó que no nos preocupáramos por lo que otras personas veían en ella. Que Rebeca era una niña muy especial, con una ternura y unos detalles fuera de

lo común y que mientras fuera pequeña era bueno darle todo
lo que pudiéramos, pues lo absorbería mucho más tomándo-
lo como juego y saldría adelante más rápido. Nos aconsejó
que tuviéramos mucho cuidado con nuestras disciplinas y
enojos, porque ella no nos podría dar lo que no sabía ni tenía.
Nos hizo ver la importancia de apoyarla y de estar a su lado,
ya que hallándose rodeada de personas que se quejaban de
ella, en nosotros tenía que ver amor, apoyo, confianza y ánimo para ayudarla a salir adelante.

¡Qué mal me sentí! Pensar que podemos crearles peores
cosas a nuestros hijos por ignorancia, por tratarlos como al
resto del mundo, siendo que cada uno es diferente. Creemos a veces, que se hacen los payasos (a veces es así, aunque no siempre). Tomé conciencia y me puse a observarla
para poder reconocer cuándo eran payasadas y cuándo no
lo eran, cuándo nos tomaba la medida o de plano nos chan-
tajeaba y cuándo necesitaba ser escuchada, qué le angustiaba y qué veía en nosotros, no la figura regañona, sino a
unos padres amantes que deseaban ayudarla siempre.

Fernando me envió a una terapeuta de su confianza y
se le practicó un electroencefalograma para no andar con
incertidumbres ni adivinanzas. El resultado reveló que Rebeca era inmadura para su edad. Por más que se lo exigie-
ra, no podría darnos lo que solo se lograría a través del
tiempo, de la terapia y de mucha paciencia. Había que em-
parejar su edad cronológica con su edad mental.

La terapeuta le hizo otra evaluación, esta vez en presencia de un neurólogo que se mostró preocupado por el resultado del electroencefalograma y le envió la terapia idónea, en
la que figuraban algunos medicamentos. No fue la varita
mágica, pero se logró, por ejemplo, que Rebeca tuviera mayores períodos de atención hacia los maestros. Aun así, tomó
mucho tiempo para que ella se regularizara en esferas con
las cuales batallamos bastante y que para nosotros también
fueron un aprendizaje. Supimos que no todos los niños son
iguales y si Rebeca no era brillante en algunas cosas, en
otras sencillamente no tenía rival. Gracias a Dios nos encontramos con las personas adecuadas. No hay que dejarse

guiar por lo que la amiga o equis persona le diga, porque a su hijo le funcionó, porque quizá no le funcione a otro niño.

Recuerdo haber dado una plática en una escuela de rehabilitación donde se reunieron niños, maestros, terapeutas y padres. Les hablé de la experiencia con mis hijas y que entendía perfectamente a los padres que deseaban resultados inmediatos, casi mágicos, de manos de los terapeutas y al no obtenerlos, se desanimaban o reclamaban. En fin, todo lo ya expuesto antes. Las terapeutas quedaron felices con mi plática y después me comentaron lo difícil que es batallar con los padres que llegan hasta obstaculizar su labor. Volvieron a invitarme y prometieron traer a otras organizaciones y a más padres para que escucharan de labios de una madre angustiada, atravesando la senda oscura de ver a los hijos enfermos y aferrándose a lo que fuera (en mi caso era a Dios, por supuesto), para hallar alivio, que sabía de terapias, de frustración y desesperación. Me di cuenta del abandono en que algunos padres tenían al resto de sus familias, pues se dedicaban en cuerpo y alma al hijo enfermo. Al decir esto recordaba a mi Rebeca. Al dar conferencias, veía otros casos y los evaluaba junto al mío y aprendí mucho, porque abrí mi corazón.

A Erick no le hacía nada feliz ver niños enfermos. Solamente podía con sus hijas, pero no se sentía con fuerzas para enfrentar a otros padres que pasaban por lo mismo y mucho menos observar criaturas enfermas. Al encontrarme casos así, sentía necesidad primero de hablarles del Señor, después de decirles que había quien los entendía y darles ánimo para que ellos a su vez animaran a sus bebés. Querían que entendieran que éramos pocos los que teníamos el privilegio de tener la responsabilidad de hacer felices a estos seres humanos tan abrumados y que a través de ellos aprenderíamos un mundo de cosas. Pensar así es una decisión de calidad. Es la oportunidad de ver este reto no como un cúmulo de problemas sino como una ventaja única y preciosa. Esto le sensibiliza a uno para observar el mínimo avance en el hijo como algo trascendental y muy

Al no tener los mismos sentimientos, algo comenzaba a alzarse entre nosotros, separándonos.
Al presentarse un nuevo obstáculo, mi sensación de que Erick se alejaba más se incrementaba. No estuvo tan pendiente de la niña como con Paola. Tal vez deseaba proteger su corazón contra una larga y pesada pena.

importante: sacar el potencial de ellos en medio de la batalla.

Yo deseaba que Erick se involucrara tanto como yo en ministrar a padres con niños enfermos, pero respetaba su decisión de permanecer al margen. Debido quizá a su extrema sensibilidad, Erick no quería sufrir ni con sus hijas, ni mucho menos con los de otros. No tenía la visión, ni la carga que sentía yo, y pronto me acostumbré a sentir sola la necesidad de las personas con problemas como el mío. Hubo padres que se acercaron a solicitarle alguna palabra, alguna orientación y Erick se demudaba. Se sentía impotente.

«¿Y cómo, qué les digo?»

«Erick», le recordaba, «nosotros pasamos no solo por la enfermedad de Paola, sino por su muerte y ahora tenemos a Ericka.»

La magnitud del dolor ajeno lo abrumaba. Para mí era fácil dar una palabra de aliento, de orientación. Erick sentía que llevábamos mucho tiempo con el mismo problema. No involucrarse, para él, era avanzar y la verdad es que yo veía que Erick deseaba pasar desapercibido, lejos del problema, ajeno a mis sentimientos y a veces a las necesidades de las niñas. Al no tener los mismos sentimientos, algo comenzó a alzarse entre nosotros, separándonos. (Yo no comprendía que había formas diferentes de sentir; ninguna era mejor que la otra y ambos con la razón de nuestro lado. Sin embargo, veíamos el mismo problema de manera muy diferente.) Al presentarse un nuevo obstáculo, se incrementaba mi sensación de que Erick se alejaba más. No estuvo tan pendiente de la niña como con Paola; sería que ahora sus responsabilidades en la congregación eran mayores. Tal vez deseaba proteger su corazón contra una larga y pesada pena, no lo sé. Mi impresión era que rehuía el sufrimiento y que toda su energía la descargaba en su trabajo, o detrás de la computadora. Eso sí, amaba entrañablemente a sus hijas y nunca se apartó de ellas. Mi deseo era ver más cooperación de él en la casa...

17

Un cumpleaños

LLEGÓ EL PRIMER CUMPLEAÑOS de Ericka y el quinto de Rebeca. En un restaurante de esos que les fascinan a la gente menuda festejamos a las niñas y entre los amiguitos de Rebeca de la escuela y los conocidos de la congregación, invitamos a media humanidad. El sitio rebosaba de niños y Ericka estaba muy feliz. Hoy, al ver el vídeo de la fiesta, me estremezco toda al constatar que Ericka era un amor. Se iba a mis brazos con facilidad; si alguien la cargaba, de inmediato me buscaba y me lloraba hasta que yo acudía a rescatarla. Le dimos una paleta azul y no tardó en pintarse toda de ese color. Comenzó a llorar cuando vio llegar a Alejandra, pues seguramente se imaginó que comenzarían los ejercicios que para entonces, ya no le hacían nada de gracia. Después de comprobar que Alejandra llegaba en son de paz y con tremendo regalo, la sonrisa afloró de nuevo en su carita.

La pasamos en grande.

Rebeca feliz, inquieta como siempre, ya no sabía con quién jugar de tantos niños que asistieron. Estoy muy agradecida por el amor expresado a mis hijas. No por el hecho de haber asistido con sus hijos, sino por el amor especial que nos tenían. ¡Qué maravilloso recuerdo! Una vez más las fotos y los videos captaron los momentos felices de mis niñas, viéndolas disfrutar y sentirse el centro de atracción. Nuevamente para mí era crearles recuerdos, y ellas a mí. Vaya que son hermosos ahora.

Pudimos viajar nuevamente, esta vez a Cancún. Nos prestaron una casa y era la oportunidad de conocer tan hermoso lugar. Casualmente, dos de las parejas que nos ayudaban con los jóvenes se encontraban allá y disfrutamos mucho ese tiempo. Gracias a Dios, el Señor nos bendijo pues pudimos llevar a una muchacha para que nos ayudara con las niñas. Lupita estaba entre nerviosa y feliz de estar por primera vez en un avión. Nosotros contentísimos de que ella pudiera ayudarnos, primero en la casa con los quehaceres, ahora con mis hijas. Ericka y Rebeca gozaron mucho de ese viaje. El sol, la piscina y la compañía de nuestros amigos, crearon un ambiente de verdadero descanso y convivencia.

Yo observaba a Ericka con gran interés, pues a Paola le gustaba mucho el agua y aún ya muy enferma, era feliz cuando la metíamos a nadar. Ericka no. No le gustaba mojarse ni tampoco era muy sociable. Su carácter era fuerte, se enojaba con facilidad... como yo. Bueno, Erick es más pacífico que yo. Sin embargo, las sonrisas de Ericka eran una bendición. Estaba contenta aunque no le fascinaran ni el agua, ni el espléndido sol. Todavía no era difícil viajar con ella pues avanzaba normalmente en su desarrollo. No se podía sentar sola pero se entretenía muy bien con sus juguetes. Para nada era una carga. Yo estaba determinada a aprovechar todo lo que Ericka pudiera disfrutar antes de los tiempos malos. Vive en mis recuerdos, sonriente, gozando. Así la veo también en fotografías y en vídeo.

Ericka fue más independiente que Paola durante esos días. Ya sostenía su botella, lo que Paola nunca pudo hacer. ¿Qué puedo decir? Recuerdo con nostalgia, con felicidad y tristeza esos días que nunca se volverán a repetir y por ello cada momento tenía su especial encanto, un deleite único. ¡Cómo debo recalcar eso! Cómo gritar a los cuatro vientos: ¡Padres, aprovechen a sus hijos!... No quiero que se entienda que debemos soportar todos los problemas de los hijos con una sonrisa de oreja a oreja, ¡no! Sé que existen problemas, y muy difíciles, aunque los hijos sean normales. Lo que quiero decir es que existen momentos que no volverán, que se pasan tan rápido que al recordarlos, a veces

Recuerdo con nostalgia, con felicidad y tristeza esos días que nunca se volverán a repetir. ¡Cómo debo recalcar eso! Cómo gritar a los cuatro vientos: ¡Padres, aprovechen a sus hijos!

nos damos cuenta de que nuestra vida se fue en enojos, en iras, faltas de perdón y contiendas.

Recuerdo la vez que mi hermana Vivi me llamó por teléfono y me dijo lo mucho que sentía mi situación.

«Ay, Gloria, ¡qué triste lo que te está pasando con Ericka! Yo no aguantaría lo que tú. De verdad que me siento tan mal, que quisiera que tuvieras la dicha de tener hijas sanas y... espérame un momento... *¡Mauricio, pórtate bien o vas a ver!* Como te iba diciendo... *¡Que te estés quieto!* Ay, yo voy a matar a estos niños. ¿Qué te decía? Ah, sí, cómo me duele tu situación...»

Me reí. Vivi estaba muy preocupada por mí y luchaba a la vez su propia batalla. Lo importante es que al reconocer que la vida es tan corta y que no hemos comprado la vida de nuestros hijos, aprovechemos más esos preciosos momentos en familia, que son muy breves y, sin embargo, los empleamos para pelear. Como dice mamá: «Desde que hicieron las cocinas más pequeñas en las casas, la hora de la comida ya no es como antes» y es cierto. Antes era más factible ver a la familia unida a la hora de comer. En México, este momento era sagrado. Ahora, aquí en la mayor ciudad del planeta, es difícil, si no imposible, que papá atraviese largas distancias repletas de tránsito para estar presente a la hora de los alimentos. Esto, aunado a los horarios tan distintos de escuelas y demás actividades de todos, hace que la relación familiar sea la primera en verse deteriorada. La relación entre mis hijas era preciosa. Rebeca amaba tanto a su hermana, que quería presentarla a todo el mundo. Presumía de tener una hermana chiquita y de ser ella la cuidadora. Ericka, atenta con su mirada, buscaba todo lo que hacía Rebeca, se entretenía viéndola y le sonreía hasta llegar a las carcajadas. Rebeca le enseñaba y le hacía hacer cosas que nos sorprendía ver o que jamás hubiéramos logrado que hiciera. No había duda, eran hermanas muy especiales. Cada momento, cada juego, cada sonrisa tenía para mí un valor incalculable. No deseaba pensar en el futuro. Deseaba vivir la vida día a día, y así lo hice. Dejé de preocuparme por lo que vendría, me concentré en hacerles la vida lo más pasadera posible, supliéndoles todas sus necesidades y viviendo, a través de sus vivencias, cada instante que no volvería. Por ello la disfruté mucho, la conocí mejor y no me angustié tanto como con Paola, pues me iba adelantando a sus necesidades y a las cosas que sabía que ella viviría. Dejé descansar a Fernando, pues no le consultaba cada dos segundos como sucedió con Paola.

18

La comida

DURANTE OCHO MESES le di a Ericka el pecho. Después ella ya no quiso y con pastillas y tiempo, la leche se me fue poco a poco. Después comenzó la búsqueda de la leche idónea, la que aceptaría y le caería bien. No aceptaba ninguna, todas las vomitaba o le provocaban diarrea. Intentamos de todo, hasta la de soja. Por fin, localizamos una importada que carecía de lácteos y que le cayó de maravilla, pero ¡auxilio! Era carísima. Eddie trabajaba en un laboratorio y gracias a eso de vez en cuando me pudo conseguir esta leche tan especial y cara. Como ocupaba un puesto importante, Eddie tenía muchas relaciones y cada vez que podía, la compraba a otros laboratorios a precio muy reducido. Intrigados, los del laboratorio indagaron para qué el señor licenciado necesitaba esa leche y, al conocer la situación, se la regalaron.

Eddie es un muchacho que ama a Dios. Él y su esposa son personas a todo dar (no por ser de la familia sino porque siempre ayudan a todo aquel que lo necesita). Eddie fue de una ayuda increíble. Él y Cristi nos apoyaron en tantas cosas que sería imposible enumerarlas. Para nosotros fue un alivio saber que Eddie podía conseguir la leche pero cuando no podía, el Señor se encargaba de enviárnosla por otros medios. Por ejemplo, había una pediatra amiga nuestra que acumulaba muestras de esta leche para luego enviárnosla. ¡Qué bendición! Veíamos la fidelidad de Dios en todo esto, pues nos ahorramos muchísimo dinero por medio de su provisión, utilizando gente que nos ayudó abundantemente. Hasta Fernando cooperó con singular alegría, pues él también nos regalaba sus muestras. Mil veces mamá pagó la dichosa «leche de oro», como la llamaba, pues si no la conseguíamos, la teníamos que comprar y mamá nos ayudó bastante en este aspecto.

Ericka dejó de comer papillas. No me angustié, ya sabía que había que molerlo todo y ponerlo en la botella, pero de nuevo la comida le cayó mal y recordé entonces que en los Estados Unidos vendían una variedad enorme de comidas enlatadas para bebé con todo tipo de carne perfectamente molida y sin preservativos. Compré algunas para probar, y no solo le cayeron bien, sino que le gustaron. ¡Qué bueno! Pero qué malo a la vez, pues ahora tendríamos que conseguirle su comida allá, a más de dos mil kilómetros de distancia.

Mis hermanos Roberto y Vivi viven en Estados Unidos, así que cada vez que venían, me surtían de las famosas latitas. Un gran amigo nuestro, Chris Richards, que vive en El Paso, no tardó en unirse a la tarea de alimentar a Ericka, ya fuera él en persona o por medio de algún familiar. En cada visita a México nos enviaba la maravillosa carne para nuestra hija. Nunca nos quiso cobrar nada y esto para nosotros fue verdaderamente el sostén de Ericka, porque sin esas latitas, no comía nada más. Gracias a Dios porque otros, al enterarse de esto, se unían e invariablemente nos sacaban del apuro, trayéndonos la ansiada provisión. En un principio Fernando se mostró reticente a creer que fuera lo único que Ericka soportara como alimento. En una ocasión, en medio de una diarrea impresionante en que Ericka todo lo vomitaba, Fernando nos dijo que si en dos días no se le quitaba, le mandaría un antibiótico.

«No, Fernando, es porque no tiene la comida gringa», repuse. Él sonrió y me dio por el lado.

Al día siguiente llegó su comida y de inmediato se puso bien. Llamé a Fernando para informárselo y recuerdo que tras un breve silencio, me dijo: «Esto hay que documentarlo porque sencillamente es increíble...»

No cabía duda que conocía demasiado bien a mi nena. Sabía lo que le caería bien y lo que no. Conocía, por ejemplo, que su alimentación era totalmente diferente a la de Paola y que tenía que tratarla también de manera muy distinta. Era la misma enfermedad, pero no era la misma niña. A veces con Paola me llegaba a angustiar si no comía o si algo le caía mal. Ahora no, simplemente era eliminar lo que a Ericka le caía mal. Por ejemplo, el huevo le hacía brotar ronchas y algo por el estilo. Cierto, salió más delicada en la alimentación que su hermana. Sin embargo, al hallarle el modo, ya no había necesidad de forzarla para alimentarla. Yo descansaba. Sabía que de hambre no se iba a morir. Le dábamos lo que requería, incluyendo sus frutas y sus verduras que tenían que ir por separado, nada revuelto. Dios no nos hace en serie, sino muy diferentes. Cada cual con su sello muy particular aunque padezcamos enfermedades iguales.

Una vez más el Señor nos envió a personas sensibles a esto, que nos ayudaron y participaron en el milagro de alimentar y mantener con vida a Ericka. *Gracias, Padre, por todas esas personas que nos mandaste.* No hay oro, ni palabras suficientes para agradecerles tantas bendiciones. ¿Cómo pagarle a mi familia, o a los amigos, todo el amor que nos dieron? El esfuerzo no solo económico, sino de ir a buscar y escoger las comidas, meterlas en una maleta o empaquetarlos cuidadosamente para enviarlas por correo o paquetería, dedicar tiempo, dinero y denuedo en un acto de amor. Eso no se paga con nada. Sin temor a exagerar, siento que le dieron vida a mi hija, haciendo esto que nunca olvidaré. Hay que ser agradecidos con este tipo de acciones y no esperar que otros nos den porque sea su obligación, su carga o responsabilidad. No, uno tiene que estar alerta a estos detalles, pues en la mayoría de los casos, son co-

> *¿Por qué no ser alguien que ayude a otro en su angustia, en su tribulación? ¿Por qué no ser apoyo, edificación, un granito de arena para levantar al caído en su aflicción?*

sas tan sencillas para unos, pero tan importantes y decisivas para otros, que no pueden dejarse pasar desapercibidas. Sea agradecido y si no puede serlo con los que lo ayudan, hágalo con otros, aunque esté desanimado o esté muy cansado. La recompensa está en los cielos, no aquí.

¿Por qué no ser alguien que ayude a otro en su angustia, en su tribulación, por qué no ser apoyo, edificación, un granito de arena para levantar al caído en su aflicción? A lo mejor pensamos que hacer algo por alguien, aunque sea una sola vez, pasará tan desapercibido que no tiene sentido tomarse la molestia. O creemos que si no podemos resolver de manera completa el problemón de otra persona, mejor no hacer nada. Puras excusas y pretextos. No niego sentir a veces un abrumador desánimo para visitar o hablar con alguien, pero me esfuerzo en hacerlo. No por obras para que digan: ¡Qué buena es Gloria! Simplemente porque he recibido mucho. Desde Paola, recibí detalles que reconozco no haría por otros. Ahora tengo un compromiso con esas personas que con sus muchos granitos de arena, hicieron de mi vida algo no tan solo pasajero sino hermoso. Con esto no digo que uno mantenga de por vida a alguien o que siempre sea su muleta. Haga lo que esté a su alcance, distinga entre el afligido y el que busca en otro descargar toda su responsabilidad y problema. Todos podemos ser de gran bendición y ayuda haciendo muy poco, pero con gusto y agradeciendo a Dios por lo que alguna vez recibimos en tiempo de aflicción.

También dijo Jesús al que lo había invitado:

Cuando des una comida o una cena, no invites a tus amigos, ni a tus hermanos, ni a tus parientes, ni

a tus vecinos ricos; no sea que ellos, a su vez, te invi-
ten y así seas recompensado. Más bien, cuando des
un banquete, invita a los pobres, a los inválidos, a
los cojos y a los ciegos. Entonces serás dichoso, pues
aunque ellos no tienen con qué recompensarte, serás recompensado en la resurrección de los justos.

Lucas 14:12–14 (NVI)

Erick y yo seguíamos adelante con el servicio a Dios. Recibíamos invitaciones para ministrar y cantar en otros lugares y nos era difícil llevar a ambas niñas, pero nos las inge-
niamos para lograrlo. En el grupo de jóvenes teníamos la
bendición de contar con una hermosa mujer que nos ayudó a
cuidar a nuestras hijas en un salón cercano al auditorio,
mientras que duraba la reunión de jóvenes. Así que, poco a
poco, empezaron a aparecer más hijos de más parejas que
ayudaban en el ministerio y Blanquita los cuidaba a todos.
Sin embargo, más adelante hubo necesidad de ayudarla.

Desdichadamente las parejas que nos ayudaban dejaron de hacerlo, pues al crecer sus familias, su tiempo y sus
energías se enfocaron en sus hijos. Un matrimonio se fue a
vivir a Guadalajara y otro por compromisos de trabajo, ya
no pudo involucrarse más. Nos fuimos quedando solos, trabajando directamente con los muchachos entregados y
comprometidos con el servicio a Dios.

A veces hacía tanto frío, que no quería sacar a Ericka.
Recuperarse de una gripe le llevaba hasta tres semanas,
tuvimos que buscar una persona que se quedara en casa
con las niñas para no sacarlas al cierzo invernal. En un
principio la tía de Erick nos ayudó. En infinidad de ocasiones se quedó con las nenas no importando día ni hora. Su
esposo la dejaba ir de buen talante y sus hijos, aunque mayores, se vieron privados de su presencia y de sus atenciones. Gracias a su hermosa disposición pudimos asistir a cenas, conferencias y otros compromisos, sin necesidad de
exponer a las niñas a las bajas temperaturas. Sin embargo,
no pudo ser por mucho tiempo, y cuando nos devanábamos

los sesos preguntándonos quién podría ayudarnos, que fuera de suficiente confianza, nos cayó del cielo una persona muy, pero muy especial que ya tenía tiempo de ayudarnos en casa: Guille.

19

Guille

Es UNA MUJER EXTRAORDINARIA. Llegó a trabajar a casa de mi mamá poco antes de que adoptáramos a Rebeca. El día que llegó mi flamante hija, Guille la recibió con un amor y una alegría impresionantes. De hecho, desde entonces Rebeca tiene recuerdos de nosotros, desde que conoció a Guille en casa de mamá al día siguiente de haber sido adoptada. Todo lo anterior lo ha borrado.

Después de un tiempo, Guille vino a trabajar con nosotros algunos días de la semana y otros con mi mamá. Vio nacer a Ericka, conocía todo lo que nos rodeaba, aunque en realidad no tenía idea de lo que hablábamos. Había visto fotografías y vídeos de Paola y, sin embargo, Ericka era tan diferente, tan hermosa y hacía tantas cosas, que Guille nunca se imaginó que de pronto todo iba a cambiar drásticamente.

Al principio, no deseaba darle tan gran responsabilidad con mis hijas, pues pensaba que no podría manejarlo todo. Sin embargo, las sorpresas no se hicieron esperar. Guille manejaba a Ericka de manera hermosa, le tenía un amor y una paciencia simplemente increíbles. Se sentaba a observar la terapia y si Alejandra no acudía, Guille le hacía sus ejercicios con esmero, amor y mucho cuidado.

Con Rebeca, bueno, era su compañera, jugaba con ella y la defendía a capa y espada cuando nosotros, vara en mano, nos disponíamos a disciplinarla. Las amaba intensamente y cuando nos veía desesperados buscando a alguien que las cuidara, ella se ofrecía de corazón. Sentíamos que después de un arduo día de quehaceres, era sobrecargarla demasiado y entonces la despedíamos para que se fuera a su casa donde la esperaban su esposo y sus tres hijos que, aunque mayores, reclamaban sus atenciones. No vivía cerca de nosotros, lo que también imposibilitaba que nos cuidara a las niñas, pero Guille oraba y lloraba porque deseaba ayudarnos. Esto lo supimos mucho después.

En ocasiones, deseamos que fueran otras las personas nos ayudaran, personas que consideramos ideales para nuestras necesidades, aunque el Señor tiene siempre la manera de mostrarnos personas con la disposición, el interés, el tiempo y el amor para lo que buscamos. Sin embargo, nos aferramos a quienes queremos y perdemos la bendición de conocer y ver la fidelidad de Dios usando a otros. Lucía ya no me podía ayudar como lo hizo con Paola. Nuestras vidas habían cambiado y aunque seguíamos tan amigas como siempre, ella y su familia se hallaban involucradas con clases y grupos en casa.

Ya habían pasado años del fallecimiento de Paola y las fuerzas no eran las mismas. La responsabilidad de cuidar de mis hijas era cada vez mayor pues entre la dinamita que era Rebeca y los problemas de Ericka, aquello no se vislumbraba fácil. Nos faltaba tiempo y energías para atenderlas y cumplir con congresos, seminarios y demás compromisos. Dejarlas encargadas en la casa de cualquiera ya era sencillamente imposible, pero la provisión de Dios en este aspecto, como en otros, fue siempre evidente.

Una preciosa maestra de la escuela me pidió que le dejara a Rebeca cuando nosotros tuviéramos que salir. Lol y su esposo son parte del liderazgo de la congregación y conocían a Rebeca muy bien, pues Lol la tuvo de alumna, además de ser directora de preescolares. Rebeca la amaba mucho y hubo ocasiones en que al ir a recogerla, lloraba desesperadamente pues no se quería regresar con nosotros. Esto al principio me hacía sentir muy bien, pues significaba que la había pasado de maravillas, pero después intuí que si Rebeca lloraba de esa manera era porque algo no funcionaba en casa. Lol tenía hijos, y Rebeca, al estar rodeada de niños, tenía muchas más actividades que con nosotros. Aun así sus reacciones me alarmaron y todo se resumía en que la atención a Ericka era mayor que para ella.

Cada una de estas personas pusieron su granito de arena al ser una bendición y levantarnos en el momento en que lo necesitábamos. A veces Lol, como Lucía, no podía ayudarnos y yo me aferraba a ellas como a la tía de Erick, sin ver que delante de mí tenía a la mujer más idónea y adecuada para auxiliarnos, ya que conocía nuestro modo de vivir, las costumbres de mis hijas, su disciplina y respetaba las reglas del hogar. Guille seguía al pie de la letra todas nuestras instrucciones. Además, era constante y fiel.

Poco a poco fui enseñando a Guille el cuidado de Ericka. Veía su interés creciente y lentamente le fui delegando responsabilidades. Me rogaba que la dejara bañar a Ericka y un día lo hizo, haciendo un despliegue de ternura y de deleite. Rebeca era más fácil, aunque a menudo, cuando no estábamos presentes se quería pasar de los límites con Guille. Guille, fiel y perseverante, siempre supo mantener en amor las condiciones impuestas. Me agradaba mucho que respetara nuestras normas, no cabía duda que Dios había preparado a alguien muy especial.

Guille no tiene idea de lo que nos espera, pensaba. Sin embargo, la niña la estimulaba grandemente. Un día, mientras la arropaba, le dijo: «Vamos a enseñarle a tu mamá lo que ya sabes hacer.» Me acerqué atenta. «Fíjese, señora. A ver, Ericka, enséñame tu dedito del pie...» Y Ericka levantó su pequeño pie.

¿Cómo describir la alegría, la emoción tan grande que sentí al ver este prodigio? Miré a Guille, ella estaba tan emocionada y orgullosa como yo. ¡Qué amor de mujer!

Con el tiempo le fui enseñando cómo prepararle los alimentos a Ericka, cómo congelar sus verduras y frutas, qué debía comer en el desayuno, la comida o la cena, cómo mezclar los ingredientes y cómo darle de comer. La manera de darle golpecitos en la espalda y pecho cuando se presentaran flemas, la disposición de sus juguetes, en fin, todo. Cada día se daban nuevas instrucciones o se presentaban cambios para darle una nueva medicina o vitamina, alguna recomendación de Fernando, o administrarle un medicamento, tarea rayana en proeza que Guille cumplía con amor.

Acostumbrábamos sentar a Ericka en su sillita. Pronto nos dimos cuenta que lograba impulsarse y... ¡zas!, agarraba el cabello de quien tuviera cerca (casi siempre era Rebeca). Le compramos más juguetes y todo aquello que sirviera para estimularla. Verla reaccionar era un gozo y un placer para nosotros. *«Qué bueno»*, pensaba, *«mi niña, mi hermosa niña está haciendo cosas que nunca imaginé ver.»*

Ahí están las fotos, testigos fieles, congelando esos momentos para que en alguna ocasión pudiéramos recordarlos, viendo con satisfacción el fruto de nuestro amor y trabajo. Muchas páginas de álbumes fotográficos así lo atestiguan. Lo más hermoso es que Ericka sabía que contaba con una familia que la amaba, aunque no tenía conciencia de que su paso por este mundo sería breve ni sabía que todo se iría deteriorando como ya lo comenzábamos a ver. Pero al verla sonreír, seguía aferrándome a captar todos esos momentos que harían vivir intensamente a mis hijas, las dos divirtiéndose sin que ninguna supiera de la sentencia de muerte que cargábamos todos. No era fácil olvidarlo, pero era sencillo disfrutar el momento e irse adelantando una y otra vez a los síntomas que iban apareciendo ineludiblemente. Como siempre, Dios se mostró fiel en hacernos ver que él seguía en control de todas las cosas.

20

Comienza el deterioro

ERICKA COMENZÓ A TENER serios y crecientes problemas respiratorios. Eddie me recomendó un doctor que había escrito algo acerca de ciertos síntomas que Ericka presentaba con su hígado y bazo agrandados. Este médico resultó ser una eminencia, miembro del Instituto Nacional de Pediatría. Le comenté a Fernando y dio su anuencia, informándonos que dicho doctor había sido su maestro.

El doctor Loredo era muy simpático. Al entrar con Ericka a su consultorio y tras dar santo y seña de la razón por la cual estábamos ahí, lo primero que me preguntó fue:

—¿Y dónde está su esposo?

No esperaba tan extraña pregunta. Desconcertada musité:

—Trabajando, doctor...

—Señora —repuso con seriedad—, la próxima vez los quiero ver aquí a los dos. En estos casos, cuando una pareja atraviesa por este tipo de situaciones tan desafortunadas, he visto más divorcios y separaciones de los que usted pudiera imaginarse...

—*Señora, la próxima vez los quiero ver aquí a los dos. En estos casos, cuando una pareja atraviesa por este tipo de situaciones tan desafortunadas, he visto más divorcios y separaciones de los que usted pudiera imaginarse.*

Bien, se ve que no sabe que somos cristianos. ¿Nosotros... divorciarnos? Para nada. Pero casi inmediatamente rechacé tal pensamiento. Sabía que Erick estaba trabajando y era lógico que no estuviera ahí, pero después recordé que había pasado mucho tiempo desde la última vez en que Erick me acompañara al médico.

—Sí, doctor, él vendrá...

El doctor Loredo me hizo una serie de preguntas acerca de la enfermedad de mis niñas. Con gusto vio que estaba muy informada y que me sabía hasta el trabalengüístico nombre de la enzima «esfingomelanilaza».

—Veo que sabe lo que hay que hacer— dijo.

A continuación revisó a Ericka con mucho amor, mientras me decía cosas que ya sabía. Ya para finalizar me comentó:

—Señora, lamento mucho esta situación, pero tiene un angelito a quien cuidar mucho —se refería a Rebeca—. Yo le ofrezco que me vaya a ver al hospital cuando Ericka necesite más atención, pues va a requerir de ciertos tratamientos muy caros. No se preocupe, en el hospital no le vamos a cobrar...

En ese hospital fue donde atendieron a Paola y donde también había fallecido. No podía pasar por ese sitio sin estremecerme. Pero a Ericka no la punzarían, simplemente le tratarían otros aspectos cuando las crisis se fueran presentando.

Llegó el día en que se terminó la terapia. De pronto comenzamos a observar que Ericka se enojaba mucho. Primero era gracioso verla tan enfadada porque hacía las cosas bien, con tal que la dejáramos en paz, pero despúes ya no fue gracioso. La terapia se convirtió en una tortura para ella y, al no verla avanzar, la desechamos por completo. Alejandra dijo que vendría una vez al mes para ver cómo seguía, pero no tardó en dejar de venir. No había necesidad. La niña se deterioraba sin remedio. Los ejercicios, lejos de beneficiarla, la dañaban.

Comenzó a decaerse, luchaba con denuedo por hacer las pequeñas cosas que solía hacer, pero el esfuerzo era sobrehumano. Cómo me dolía ver esto. La determinación de Ericka se parecía a la mía. Con enojo y mucha constancia, por fin lograba su objetivo pero poco a poco ya no le fue posible. Dejó de luchar pues su cuerpo no le respondía. De tan solo recordarlo se me salen las lágrimas. Ver a un hijo que ya no puede crecer normalmente es algo que nos hace sentir totalmente impotente. Creo que ha de ser como con el Señor. Al recibir su palabra, comenzamos a crecer, a ver la vida diferente, a estar llenos y gozosos en él. De pronto y por cualquier cosa, nos dejamos de alimentar y dejamos de crecer, abandonamos nuestro gozo. No nos estancamos, sino que vamos decayendo. Nos convertimos en enanos espirituales y estoy segura que esto llena de dolor a Dios, pues teniéndolo todo para seguir adelante, preferimos ver las circunstancias de la vida y dejamos de esforzarnos para seguir creciendo y tener comunicación con el que nos alimenta y nos da la vida.

> *La encargada del área nos atendió personalmente para aplicarle las inhalaciones y después succionarle las flemas. Pobre Ericka. No disfrutaba en lo mínimo esto. Erick después de ver lo que le hacían, se retiraba para no contemplar el sufrimiento de su hija.*

Fue terrible ver como su pequeño cuello ya no estaba tan erguido como antes. Se conformó con ver sus juguetes porque ya no podía estirar sus pequeños brazos para tocarlos. Le dejamos sus preferidos que tanto amaba, pues verlos parecía gustarle. De pronto los veíamos tirados. Sin darnos cuenta los había movido y se los volvíamos a acomodar las veces que fueran necesarias hasta que llegó el día en que no los pudo mover ya más.

Sus problemas respiratorios aumentaron. El doctor Loredo me sugirió llevarla al hospital para administrarle inhaloterapias. No hubo problema ni trámites para que la aceptaran. Bastó una llamada del doctor Loredo para que nos atendieran de inmediato. La encargada del área nos atendió personalmente para aplicarle las inhalaciones y después succionarle las flemas. Pobre Ericka. No disfrutaba en lo mínimo esto. Erick, después de ver lo que le hacían, se retiraba para no contemplar el sufrimiento de su hija. Yo me instalaba con mi chiquita, tomándole sus manitas y hablándole con dulzura para calmarla durante las violentas succiones por nariz y boca que le aplicaban. Sin embargo, era un alivio saber que después podría respirar mejor.

Me citaron semanas seguidas, hasta que salía adelante y a los pocos días había que volver. Como este hospital también es escuela, a veces nos atendían pasantes que, aunque preparados, no tenían la vasta y evidente experiencia de la doctora que nos había atendido por primera vez. Sabía que no sería posible siempre; por eso un día al coincidir con ella, le platique de la experiencia pasada con uno de los practicantes. Esta persona, con mucha inseguridad, le había puesto los tubos a Ericka para succionarla. Yo me desesperaba viendo cómo titubeaba y, sin querer, la lastimaba. Ericka tampoco estaba muy dispuesta y lloraba mucho. En medio del forcejeo descubrimos que tenía fiebre y ya la querían hasta hospitalizar. Con muchos trabajos la saqué de ahí y me hice el propósito de no regresar hasta que la jefa nos atendiera en persona.

La doctora oyó en silencio mi relato y tras una pausa, comentó que nosotros podíamos darle los tratamientos en casa.

Bastaba con el humidificador que ya teníamos. Los tubos y accesorios restantes nos los proveyó y así ya no regresamos a las cruentas sesiones de inhaloterapia en el hospital, cosa que agradecimos infinitamente, pues sacar a Ericka de la casa era otra hazaña. Subirla al automóvil en su sillita para llevarla, recibiendo todo el pesado sol y el calor de la tarde, era un suplicio para todos. Salíamos y regresábamos y Ericka no paraba de llorar hasta no verse de nuevo en su casa. No había modo de calmarla.

En ocasiones, tenía que abordar un taxi y el solo hecho de estar cargando a mi hija con una pañalera en extremo pesada tratando de pescar a uno de esos huidizos vehículos, era una ardua tarea y no faltaban las miradas para nada discretas de la gente.

En ocasiones tenía que abordar un taxi y estar cargando a mi hija con una pañalera en extremo pesada tratando de pescar a uno de esos huidizos vehículos, era una ardua tarea y no faltaban las miradas para nada discretas de la gente. A veces estaba de humor para pasarlas por alto. Sin embargo, a veces también volteaba yo con cara de «¿Qué me ves?» y deseaba tener rayos láser en los ojos. Y la gente, con la sensibilidad que le caracteriza, de inmediato captaba el mensaje y dirigía su mirada hacia otra parte.

Sabía que Dios tenía que tratar con mis actitudes en esta cuestión, pues me daba cuenta que no era tan paciente ni tolerante como con Paola. Con Ericka, mi estado de ánimo había cambiado y era mucho más sensible a cosas que ya creía haber superado, aunque no era cierto. Por eso, a veces resentía la ausencia de Erick en estas visitas al doctor. Sabía que estaba trabajando, inmerso en muchos compromisos, pero dejó de acompañarme. No fue como lo hacía con Paola.

Aquellas visitas al hospital minaron de sobremanera mi ánimo. Estar de nuevo en contacto con el sufrimiento, no solo mío sino de otros padres, me afectó mucho. Verlos en la tensa expectativa, algunos seguramente llevaban días ahí sin comer, mal dormidos pero atentos a recibir noticias de sus hijos. Algunos niños saldrán adelante, otros no. La atmósfera impregnada de mudo sufrimiento, ¡qué terrible!

Un día estuve en el pabellón de los niños con cáncer, muy cerca de la sala de inhaloterapia, y vi a una señora que me estremeció tremendamente. Su hijo estaba canceroso al igual que todas las demás criaturas, sin pelo a causa de la agresiva quimioterapia. Había una habitación llena de mamás e hijos esperando el tratamiento del día. Vi las mismas caras sombrías, pétreas, los mismos magros desayunos, la inefable pobreza (es un hospital público, donde la gente no paga, siendo uno de los mejores hospitales para niños en México). De pronto entró esta señora con una alegría genuina, como si se hubiera ganado la lotería.

«Hola a todos. Buenos días», repartía sonrisas sin regatear. «¿Qué pasó, Fulanito, ya desayunaste? ¿Por qué esa cara, Menganita? Ánimo, enseguida nos van a atender. Arriba, corazones...»

Y saludaba a diestro y siniestro, llamando a todos por su nombre, ya fueran mamás, papás o criaturas. Por si fuera poco, compartía la poca comida que llevaba y a donde fuera levantaba y animaba. Recuerdo que habló con un doctor, suplicándole algo que necesitaba. Al parecer, era muy conocida por todos. El doctor le daba largas a su petición, pero ella insistía sin perder su jovialidad. Llegó el momento en que voz en cuello expresó su petición. Todos dimos vuelta a verla con el doctor que, nervioso por sentirse centro de todas las miradas, accedió a su reclamo, temiendo que siguiera casi gritando. De alguna manera me recordó a la viuda mencionada en la Biblia que por insistente logró su propósito.

Esa mujer era un ejemplo de fortaleza, de ánimo para todas las presentes que, al igual que ella, pasaban por la dura prueba de tener un hijo con cáncer. Al ver a todas las criaturas calvas, abrazaba a mi Ericka pensando: *Estos niños aún*

*tienen una oportunidad de vida; es un tratamiento horrible,
pero a fin de cuentas, una posible cura que mi hija no tiene.»*
Sin embargo, el ánimo de esa señora me fortaleció. Yo también
podía compadecerme mucho, pero tenía que salir adelante. Conocía a quien me daba fuerza y solo por él estaba
dispuesta a clamar como dice en la palabra de Dios: *Diga el
débil: fuerte soy en el Señor* y no en mis fuerzas, pues a veces
no las tenía.

Comenzaron las inhaloterapias en casa. Por un tiempo
le sirvieron, pero invariablemente volvía a caer y cada vez
fue más difícil quitarle todas las flemas. Entonces Eddie
nos presentó a su concuñado que trabajaba en la misma
área de inhaloterapia, pero en un hospital privado. Él nos
citó y nuevamente estuvimos una o dos semanas más asistiendo a diario para que la ayudaran. Él nos mostró un aparato diseñado solo para inhalaciones y nos enseñó las cantidades exactas de la medicina que utilizaba el artefacto. En
el único laboratorio que fabricaban la medicina era en el
que trabajaba Eddie, de modo que de nuevo fuimos bendecidos, pues ese aparato fue de enorme ayuda para Ericka.

A diario se lo poníamos hasta tres veces por día. Le dije a
Guille cómo usarlo, de cuánto tiempo eran las vaporizaciones y la cantidad exacta de medicamento a poner en el artefacto. ¡Qué increíble remedio! Se acabaron las tortuosas idas
al hospital. En casa le hacíamos todo y sin querer pensaba
en las ventajas que Ericka había tenido por encima de las de
Paola. Tuvo gripe, pero nunca más fueron como los sufridos
sin el dichoso aparato. Para donde fuéramos, ahí íbamos
cual gitanos, cargando más y más cosas que Ericka necesitaba. Era incómodo, pero nunca la privaríamos de todo lo que
le proporcionara un poco de bienestar.

Cuando salíamos de viaje, Ericka comenzó a quedarse
en casa de mi mamá, pero cuidada por la fiel Guille, quien a
estas alturas ya sabía qué hacer, cuánto y a qué horas. Llegábamos con la bolsa de pañales, maletas de ropa, montones de pañales, bañera, el aparato de inhaloterapia, el humidificador, latas de leche, de carne, los juguetes preferidos... una auténtica mudanza. El hecho de contar con

Guille fue una de las mayores bendiciones que pudimos tener. Poco a poco dejó de trabajar en el quehacer y se dedicó de lleno a cuidar de Ericka con la premisa de: «Guille, que se caiga de sucia mi casa, Ericka es primero.» Y vaya que lo tomó a pecho. Era la enfermera de Ericka, una niñera no la hubiera cuidado mejor. De pronto, me di cuenta que sin Guille no podía hacerlo todo.

Por las noches, invariablemente Ericka se despertaba, fuera por una cosa o por otra y después de dos o tres desveladas seguidas, era difícil cuidarla de día. No recuerdo haber pasado una noche de descanso continuo, excepto en viajes y aun así, a muchos kilómetros de distancia, mi mente programada me despertaba en la madrugada. Mis fuerzas disminuyeron. No fue como con Paola. Los años pasan y ahora con Rebeca todo era más agotador.

Y a Erick lo sentía cada vez más distante, más ajeno. Comenzó a participar, menos en todo aquello que fueran visitas al doctor o al hospital, así como a desentenderse de Rebeca. Él siempre tenía cosas que hacer. Esto me irritó sobremanera y me dediqué constantemente a reclamarle TODO lo que no hacía. Me enfurecía mucho que me dijera: «Ahí está Guille.» Cierto, físicamente ella me ayudaba, pero yo necesitaba respaldo emocional porque la carga era demasiado abrumadora para mí sola. Y tras cada reclamo, Erick se alejaba más y más. Pronto entramos en un círculo vicioso sin saber que el enemigo estaba tejiendo una sutil trampa, aprovechando la vulnerabilidad de nuestros corazones en tan dura situación. Ericka no fue un obstáculo para dejar de hacer cosas o ir a invitaciones, pero conforme el tiempo transcurría, nos veíamos obligados a no tener tanta actividad, pues no siempre Guille podía ayudarnos.

Rebeca comenzó a verse afectada, pues casi toda la atención era para con su hermana. Sus necesidades hacían que ella siempre tuviera a alguien cuidándola o procurándola y todo lo que ella recibía era: «Espérame un poquito, ya voy, hija, ¿no ves que estoy ocupada con tu hermana?» Las prioridades de Rebeca dejaron de ser. O eran las crisis de Ericka o nuestro trabajo o porque estábamos demasiado cansados como para prestarle un poco de atención a las cosas importantes para Rebeca. Solo un pensamiento martillaba con insistencia: *Pronto tendrá toda la atención, pronto podremos complacerla solo a ella. Muy pronto, muy pronto...*

21

Discusiones con Erick

MI PREOCUPACIÓN POR REBECA aumentaba día a día. Un reclamo más para Erick. Quería que él la sacara cuando no había clases, que le prestara atención cuando yo no podía hacerlo, o cuando me sentía rendida después de días y noches en vela. Al no obtener respuesta a mis reclamos, me enfurecía sobremanera. Ya no solo cargaba con lo de Ericka, sino que también tenía lo de Rebeca y ahora lo de Erick. Él se cerró aun más. No reconocía que Erick también tenía necesidades y en medio de una situación tan tensa como la que estábamos viviendo, era imposible satisfacerlas o siquiera adivinarlas. Buscaba en Erick un árbol firme, sólido y frondoso en donde refugiarme, llorar y desahogar para luego escuchar su voz tranquila musitándome: *«No te preocupes, todo va a salir bien.»*

Nuevamente busqué en Erick lo que nada más que Dios podía darme. En ese momento no lo entendía así. Sentía que él debía ser esa roca a prueba de tempestades que podía sostenerme, aunque esa roca es Cristo. No pensé que Erick se pudiera sentir mal, cargado o cansado. Nada más veía en él a alguien indiferente, lejano, sin compromiso al-

> *Al llegar a casa, Erick solo deseaba encontrar paz y tranquilidad: sentarse a ver las noticias en la televisión, leer un libro o hacer cualquier otra cosa, sin escuchar mi retahíla.*

guno para con sus hijas. ¿Por qué era así? ¿Por qué Erick había cambiado tanto? ¿Dónde habíamos perdido la ruta y nos habíamos desviado a este callejón sin salida? Las palabras del doctor Loredo retumbaban en mis oídos «*Señora, he visto tantos divorcios y separaciones en este tipo de situaciones, como no tiene idea...*» ¿Acaso eso nos pasaría? No, imposible. Somos cristianos, servimos al Señor... Un sentimiento de hipocresía me invadía y mis deseos por hablar con alguien aumentaban. Aparentemente las cosas se arreglaban por un rato, para luego caer en la misma rutina de reclamos, egoísmo y enojos. La misma trampa.

Erick es un hombre de oración y de alguna manera me consolaba saber que él oraba, pues a veces yo dejaba de hacerlo. Simplemente no me sentía ni con las fuerzas, ni con el ánimo y pensaba que al orar él, yo estaría bien. Obviamente no fue así. Dios desea una relación personal con cada uno de nosotros, no una relación en manada o con representantes, ni siquiera en pareja, sino individual, porque así nos había creado: de manera única e individual. Me esforzaba tanto en buscar al Señor y después de cada pleito, invariablemente herida y destruida, era poco menos que imposible entrar en su presencia. Era una lucha por buscar a aquél que me podía ayudar. El desánimo, el enojo, la impotencia y la desilusión eran pesadas anclas que ahora formaban parte de mi vida.

Al llegar a casa, Erick solo deseaba encontrar paz y tranquilidad: sentarse a ver las noticias en la televisión, leer un libro o hacer cualquier otra cosa, sin escuchar mi retahíla: «*Erick, ¿no me ayudas a bañar a Rebeca? Erick ayúdame con la inhaloterapia de Ericka. ¿Le podrías dar su leche entre tanto que le doy de cenar a Rebeca...?»*, etc. Cuando él entraba en casa, sentía que llegaba mi ayuda en esa hora cumbre de bañar, dar de cenar y acostar a mis hijas. Hubo veces que lo hizo movido por mi cara o por mis enojos, pero no salía de él, por lo que dejé de pedirle ayuda. Total, yo puedo sola.

Las cosas se tienen que hacer, pero no con esa actitud de frustración y enojo. La actitud debiera ser: *«Señor, voy a hacer esto por ti, aunque no lo desee ni tenga fuerzas para hacerlo, lo haré contenta y con paz, pues tú me darás las fuerzas.»* Pero me hallaba enojada y fastidiada. Algo que me agobiaba, además de todo lo descrito, eran los frecuentes y fuertes dolores de cabeza que le daban a Erick, además de sufrir un intenso cansancio. Cada vez que me decía que le dolía la cabeza, sentía que me clavaban una daga, pues lo percibía como una carga más, como algo que yo debía solucionar.

Erick no deseaba hacer nada fuera de su rutina de ir a las congregaciones o a grupos en casa. Si llegábamos a salir a alguna cena o reunión con amigos, constantemente nos veíamos obligados a irnos temprano, pues Erick se sentía fatigado. Con tal de salir, yo cuidaba que nada interrumpiera su siesta para que pudiera reponerse y así disfrutar de una salida social que para mí era un alivio en medio del tráfago emocional en que vivíamos inmersos. Una salida de una jaula ominosa, pesada. Olvidarme por un momento de responsabilidades y platicar, reír, departir con los amigos y, ¿por qué no?, desahogarme. Pero Erick iba a lo que iba. Por eso, cuando me soltaba el «ya vámonos, ¿no?», me ponía histérica. No razonaba, pues además de tener un marido ausente durante la cena o reunión, que no participaba, no opinaba ni se desahogaba, sentía la presión de su cansancio o de sus jaquecas. No estaba dispuesta a ceder. Los pleitos se hicieron más frecuentes, las batallas campales se armaban en cuanto yo manifestaba mi deseo de salir o distraerme. ¡Qué días!

> *No es mi intención ventilar problemas íntimos, ni exponer a mi querido esposo, a quien tanto amo.*
> *Solo deseo abrir mi corazón y mi hogar a quien probablemente esté pasando por las mismas y se sienta mal sin saber que hay una solución.*

Recuerdo que en una ocasión estábamos cenando un platillo compartido. Yo me explayaba feliz hablando de un asunto que, para variar, no le interesaba a Erick. Cuando quise meter el tenedor a mi cena, me encuentro con el plato vacío. Desconcertada, volteo a ver a Erick y este me dice: «Sigue hablando, mientras yo como...»

Ahora nos reímos al recordar ese detalle (Dios ha hecho una obra impresionante en nosotros), pero en ese momento no me hizo nada de gracia, y este fue un punto más en mi ya larga lista de heridas de ofensas de Erick hacia mí.

Por mi temperamento sanguíneo, deseaba salir de mi rutina para entretenerme con lo que fuera, con tal de tomar nuevas fuerzas y seguir adelante con todo. Erick, por su temperamento flemático, no deseaba moverse tanto de su lugar y le irritaba mi furor y entusiasmo cuando le rogaba que saliéramos. Me imponía condiciones y era un trueque para complacerme, teniendo que después hacer algo a cambio. Los problemas aumentaron y esto se reflejó en mis niñas.

Quiero aclarar que no es mi intención ventilar problemas íntimos, ni exponer a mi querido esposo, a quien tanto amo. Que estas páginas sean para edificación y bendición. Solo deseo abrir mi corazón y mi hogar a quien probablemente esté pasando por las mismas situaciones y se sienta mal sin saber que hay una solución, de que no son los únicos en atravesar este tipo de presiones y aflicciones. Desgraciadamente no existen muchas predicaciones para padres con hijos en problemas, cómo afecta esto a la pareja, cómo se puede llegar a un egoísmo mutuo, peleando cada uno por lo que cree estar bien, siendo que los dos están mal y necesitan una guía.

¿Crees que Dios no es suficiente? Claro que lo es. Sin haber tenido un encuentro personal con él y con mi pasado, lo más seguro es que me hubiera entregado al alcohol desde el mismo día en que supe que pasaría una angustia tan grande por segunda vez, desde que seguían las quejas con Rebeca y desde que nuestros problemas matrimoniales se salieron de control. El hombre es el que falla, Dios permanece tan fiel y tan real como siempre y él nos mostró muchas cosas cuando estuvimos dispuestos a escucharle y a escucharnos. Orábamos, pedíamos, clamábamos por nuestro matrimonio, pero no cambiábamos, ahí estaba todo. Queríamos cambios, pero no estábamos dispuestos a reconocer nuestras faltas. No nos enfrentábamos a nuestros errores y al no encararlos, Dios no podía cambiar lo que no estábamos dispuestos a reconocer. Confiábamos en que Dios lo haría todo. Sabíamos a quién recurrir porque él es todopoderoso, omnisciente, omnipresente, pero nada sucedía. ¿Nuestras oraciones no servían? Por supuesto que servían, pero Dios no puede cambiar a nadie no dispuesto a desnudarse delante de su presencia, exponiéndose sin barreras. No había ninguna posibilidad de que alguno de nosotros estuviera mal en su manera de verse. El injusto siempre era el otro, el que no entendía, el cerrado, el que tenía que ceder, el que reclamaba, el que manipulaba, etc. Los dos teníamos exactamente la misma opinión del otro.

Sin embargo, Dios no nos dejó en nuestros propios pensamientos y resoluciones. Él se seguía manifestando y volvíamos una y otra vez a pedirnos perdón, a orar juntos, a considerar nuestros puntos de vista hasta el próximo «round». Hasta llegamos a hablar con distintos líderes en busca de que alguno nos diera la razón. Servía lo que nos decían, pero al momento de ponerlo en práctica, volvíamos a lo de siempre. Simplemente no podíamos hallar la comunicación idónea y entonces era yo la que siempre buscaba a quien contarle nuestras diferencias. Pronto dejé de hacerlo, al ver que no había cambios reales y palpables. A Erick no le interesaba buscar ayuda externa. No estaba lo suficientemente desesperado. Una y otra vez repetía: «Dios es suficiente, Dios es suficiente...»

«Si Dios es suficiente», respondía yo irritada, «¿por qué entonces no has cambiado?»

Y eso desataba la inevitable discusión.

Mis fines de semana eran un suplicio. Teníamos que estar con los jóvenes desde temprano (cosa que para nada me molesta; los jóvenes para mí eran una motivación importante en mi vida), pero Rebeca tenía poco tiempo para hacer las cosas que a ella le gustaban. Le propuse a Erick que los sábados en la mañana le dedicáramos un tiempo a Rebeca. Él se mostró de acuerdo, pero al llegar el día, o tenía una boda que atender, o acudía a alguna actividad de la congregación, dejándome con ambas niñas. Opté por sacar a Rebeca en un intento de evitar que resintiera lo que sucedía a su alrededor.

Conforme pasó el tiempo, fue imposible sacar a Ericka. Era muy especial, lloraba mucho, no le gustaba las personas en su derredor y prefería la quietud de la casa. Tenía que esperar a que Guille se desocupara para podérsela dejar y luego salir con Rebeca. Me sentía tan frustrada, tan impotente, anhelaba que Erick dijera un: *«No te preocupes, yo la saco, tú quédate con Ericka»* o *«Vamos todos juntos y a ver cómo nos las arreglamos»*, pero esas frases nunca llegaron. Deseaba sentir que él también controlaba el asunto, pero cada vez se hacía sentir más la ausencia de Erick en la casa y mi angustia por Rebeca se vino a sumar a tantas otras aflicciones, sin que yo pudiera hacer nada al respecto.

La solución no fue fácil. Tuvimos que atravesar por muchísimas experiencias desagradables hasta llegar a una crisis de tal magnitud que tuvimos que buscar ayuda, o de otra manera nos moríamos. Algo que desencadenó esta crisis fue la noticia de que Rebeca tenía que repetir el año preprimaria. ¡Ay! Nos dio el ataque. Parecía que nos habían dicho que no la admitirían a la Universidad de Harvard. Fue en la época cuando se le practicó el electroencefalograma. En sí, el estudio me parecía una declaración de que Rebeca tenía algo malo y que en cualquier momento esperáramos que eso malo brotara. Por supuesto, fui yo quien tuvo que levantarse a las cuatro de la mañana para mantener despierta a Rebeca, pues para realizar dicho estudio no debía dormir. Cualquier cosita extra que me tocaba hacer, era un peso más que se agregaba al baúl ya enorme que yo cargaba.

Nos explicaron que tenía aspectos muy inmaduros para su edad, pero con el tiempo, mucha paciencia y terapias,

Ericka comenzaba a presentar convulsiones. Acudí al neurólogo para adelantarme a las crisis tan terribles que había pasado Paola y que no deseaba que sufriera también Ericka.

saldría adelante. Que no sería una niña que figuraría en cuadros de honor por sus excelentes calificaciones, pero que no la presionáramos, que a su paso ella saldría adelante. Lo que sí nos recomendaron fue sacarla de la escuela donde estaba. Esto realmente fue difícil para nosotros, pues la escuela es cristiana, nos conocían bien, la conocían superbien y no deseábamos hacerlo. Nos hicieron ver que era por el bienestar de ella. Rebeca en realidad no tenía parámetros entre la autoridad y la amistad. El director de la escuela es amigo nuestro y Rebeca lo sabía, así que entraba en las instalaciones como «Pedro por su casa». Algunas de las maestras eran del grupo de jóvenes, cosa que a ella no le representaba la más mínima autoridad. Todas la amaban y realmente deseaban ayudarla, así que la sugerencia de sacarla de la escuela para que tuviera otro ambiente, fue tomada en cuenta.

A Erick esto le pegó durísimo. Creo que realmente sentía que Rebeca también estaba enferma y que por más que se le dijo que todo saldría bien, la noticia mermó considerablemente su ánimo, como también le afectó la visita aquella al neurólogo con Ericka. Fue el mismo doctor que atendió a Paola y nos recordaba bien. Ericka comenzaba a presentar convulsiones. Acudí con el neurólogo para ade-

«Erick», le decía, «recuerda que ya sabíamos que Rebeca podría necesitar de terapias para sacarla adelante; necesita de nosotros...»

«Gloria», había desesperación en su voz, «¿no te das cuenta que solo hemos tenido hijas con problemas? En serio que ya no puedo.»

lantarme a las crisis tan terribles que había pasado Paola y que no deseaba que sufriera también Ericka. El doctor nos recomendó una medicina que le quitó de manera ostensible las convulsiones, de modo que nunca fueron tan dramáticas como las de su hermana. Una vez más me sentía feliz de haberle creado a mi hija una mejor calidad de vida, pero la noticia de Rebeca fue muy fuerte para nosotros. Nos dimos cuenta que ya hacía diez años que veníamos sufriendo junto con nuestras hijas enfermas y que Rebeca no era la excepción. El nuevo reto era abrumador. Otra vez no podía bajar mis ojos para llorar y desesperarme, solo quería la ayuda necesaria para darle la oportunidad a Rebeca de salir victoriosa, con unos padres que la amaran tal y como era, sin presiones ni durezas. Para mí fue un alivio saber por qué se habían tenido tantos problemas en la escuela.

«Erick», le decía, «recuerda que ya sabíamos que Rebeca podría necesitar de terapias para sacarla adelante, necesita de nosotros...»

«Gloria», había desesperación en su voz, «¿no te das cuenta que solo hemos tenido hijas con problemas? En serio que ya no puedo.»

Me di cuenta de lo vulnerable que era Erick, de lo indefenso que se sentía, de lo mucho que sufría, pero que era incapaz de llegar a ese punto de decir: «Bueno, no importa, vamos para delante...», y él se fue estancando y yo no me

detenía para ayudarlo, pues sabía que había una responsabilidad con las niñas y como no me podía recargar en él,
peor se sentía. Simplemente, le hacía ver que teníamos un
reto, que a Rebeca no le podríamos exigir lo mismo que hasta ahora, ya que tenía seis años cronológicos, pero cuatro
emocionales. Menudo problema.

Oraba por las noches junto con Rebeca. Comencé a pedirle a Dios que nos ayudara. Ella me decía:

—Mami, pídele a Dios que pueda entender en la escuela...

Oírla me llenaba de ternura. Rebeca estaba consciente
de que algo pasaba y ella misma deseaba mejorar.

—Mami, ¿Dios nos oye?

—Sí, hijita. Claro que nos oye.

—Dile entonces que nos sane, a mí y a Ericka.

—Sí, hijita, tú también se lo puedes pedir.

Y así, de vez en cuando teníamos pláticas teológicas
hasta que sus preguntas dejaban de tener sentido y eran
solamente un pretexto para no dormirse.

—Ahora sí vas a dormir, Rebeca, que mañana hay que
levantarse temprano...

—Pero mami, déjame decirte...

Y así se la podía pasar, pero me esforzaba en discernir
cuándo era realmente importante y cuándo eran pretextos.
Yo le hablaba a Rebeca con la verdad. Era una niña sensible y se daba cuenta de todo.

—Hijita, tu hermanita está enferma. Estamos orando
por ella, pero lo más seguro es que no llegue a hablar ni a
caminar...

Como Rebeca veía a otros niños, constantemente me
preguntaba cuándo Ericka caminaría.

—Mami, ora por Ericka para que Jesús la sane...

Y claro que orábamos en ese momento y no dudaba ni
por un instante que la fe de mi hija tocaría el corazón de
Dios. Sin embargo, al pasar el tiempo y al ver que no sucedía nada, las preguntas volvían a aflorar. En una ocasión,
con el doctor Pardillo (el pastor de la congregación), Rebeca
nos interrumpió:

—Doctor Pardillo —Rebeca le decía Yiyo—, ¿sabes que Ericka está muy enferma?

—Sí —el doctor comenzó a rascarse la cabeza—, pero estamos orando por ella.

—¿Y por qué no la sanas tú? ¿No eres doctor?

Estábamos en el automóvil y yo observaba por el espejo retrovisor las reacciones del doctor, que a estas alturas contestaba con nerviosismo.

—Bueno sí, soy doctor, pero soy dentista. No puedo curar lo que tiene tu hermanita.

Rebeca no quedó muy satisfecha con la respuesta por lo que rápidamente cambiamos la conversación.

Comenzamos a interesarnos en la terapia de Rebeca. La terapeuta hablaba con ella y también con nosotros. Se percataba de que teníamos muchos problemas. Además de lo de Ericka, el comportamiento de Rebeca revelaba que no estábamos nada bien. Era muy fácil culpar a Rebeca, decir que era inquieta, tremenda, imposible, etc. Nosotros mismos platicábamos sus travesuras como anécdotas, como algo muy normal. Lo que vi después era que la gente estaba muy predispuesta con Rebeca. Sí, la veían en acción, pero al añadirle nosotros el relato de todas sus ocurrencias, las personas se tomaban el derecho de censurar a mi hija, diciendo lo terrible y mal portada que era. Ya no me gustó.

Junto con la terapeuta comencé a ver que Rebeca necesitaba un aliado, alguien a su lado. ¡Cómo me llegó esto al corazón! Debíamos amarla a pesar de las quejas, de los informes y de las malas calificaciones, hacerle sentir que había en nosotros un refugio. Pero lo comenzamos a hacer. Me hice de la vista gorda con las quejas y los informes. Con Rebeca cambié mi táctica, simplemente la amaba, la llenaba de atención. Estaba encima de ella, pero dándole a entender que estaba de su lado, a decirle que podía y a animarla a seguir adelante, a decirle lo orgullosa que me sentía de ella...

Al principio yo creía que no me hacía caso, que no entendía lo que le decía, pero poco a poco su actitud comenzó a cambiar. Era la misma niña inquieta de siempre, pero tenía más seguridad en sí misma. Se sentía amada y aceptada y eso fue importantísimo para ella. No, no cambió mucho en la escuela, pero era yo quien debía aprender a amarla y a aceptarla así y a no angustiarme tanto, ni a tomar partido en todas las acusaciones que venían en su contra. Fue un aprendizaje lento, pues Rebeca es capaz de sacar de quicio al mismo Job en persona. Para Erick fue una carga más y ya no podía. Se sentía agobiado, cansado y literalmente no podía con una terapia más, con un problema extra, con otra imposibilidad.

> *Rebeca dibujaba a su familia, a todos por separado. La terapeuta nos dijo que esos dibujos nos mostraban cómo nos veía ella. Era interesante ver que a Erick siempre lo dibujaba dormido.*

Rebeca dibujaba a su familia, a todos por separado. La terapeuta nos dijo que esos dibujos nos mostraban cómo nos veía ella. Era interesante ver por ejemplo que a Erick siempre lo dibujaba dormido y claro, para ella era un padre ausente. ¿Cómo íbamos a reestructurar ahora a nuestra familia? ¿Cuánto le había afectado ya a Rebeca todo lo que estábamos pasando y qué repercusiones tendría más adelante? ¿Se curaría? ¿Tendría esperanza? Pensaba en los jóvenes que me tocaba aconsejar. Había tanta baja estima, multitud de heridas infligidas por los padres, tantos problemas para aceptar el amor de Dios por las familias divididas y desintegradas. ¿Y nosotros? Nos encontrábamos en las mismas condiciones emocionales ¿Tendríamos que ministrarle a Rebeca así en un futuro? Dios mío, cómo me angustié, cómo me dolía estar pensando en mis hijas... Me sentí sola, impotente. Ya no era solo mi vida, ni solo mi matrimonio; ya eran dos vidas que cargaba sola y, por supuesto, yo no podía.

22

¡Auxilio!

A TRAVÉS DE LA TERAPEUTA de Rebeca, busqué ayuda. Ella me recomendó una terapeuta familiar pues veía la necesidad de integrarnos al tratamiento de Rebeca, ya que necesitábamos comprenderla mejor y ni nos imaginábamos las consecuencias que tendría viviendo en el desastre donde nos hallábamos. Con renuencia hice cita con la mujer recomendada. Me dolía el estómago al pensar decírselo a Erick. De entrada sabía que rechazaría ponerse en manos de una persona no creyente como nosotros. Ya escuchaba un ¡no! rotundo. Para tranquilizarme investigué bien qué estudios tenía y supe que era una persona profesionalmente preparada, médico siquiatra y su especialidad entre otras era la de terapeuta familiar.

Asistí con recelos a la primera cita. Lo primero que solté fue un:

—Mire, somos cristianos y me da pena estar aquí porque sé que puedo salir adelante con el Señor. Creo firmemente en su poder, pero estamos estancados y sé que necesitamos ayuda. Mi esposo no va a querer venir porque también él cree en Dios y cuando sepa que usted es siquiatra, pondrá el grito en el cielo. Repito, somos cristianos y, además, servimos a tiempo completo en la congregación. Ya sé que no vamos a serle de testimonio a usted, pero quiero decirle que Dios cambió nuestras vidas. Sin embargo, algo anda mal y por eso estoy aquí.

Acto seguido y sin parar le conté todo sobre Paola, Ericka y Rebeca. La doctora me escuchó atenta y en silencio. Tras el recuento de todas mis penas, ella siguió guardando silencio, pensativa.

—¿Cómo ve esto? ¿Nos puede ayudar o...?

—Gloria —dijo con voz pausada—, has pasado por mucho. ¡Qué situación tan difícil! ¡Qué triste es lo de tus hijas y para nada me extraña que tengas estos problemas! Sí, te puedo ayudar y también te quiero decir que soy creyente, pero no pretendo invadir ese campo tan especial para ustedes. Se trata de una terapia, no de imponer ideas ni ofenderles, sino tratar de ayudarles a salir adelante con estas niñas que Dios les dio...

No era lo que me había imaginado. Esperaba puros rollos sicológicos o frases de: «Freud dice, Jung comenta, etc.» Echarnos quizá toda una serie de ideas que hasta se contraponen con lo que uno cree.

Platiqué con ella cerca de dos horas y al salir de su consultorio sentía que ese era el camino, la ansiada luz al final del túnel. Sentí paz porque Dios UTILIZARÍA a la doctora para ayudarnos. Claro, ella era su instrumento. Ahora faltaba decírselo a Erick. ¡Dios! ¿Cómo reaccionaría?

—Erick, fui a ver la terapeuta que me recomendó Ángeles...

—Ángeles. ¿Qué Ángeles?

—La terapeuta de Rebeca...

—¿Y?

Me armé de valor.

—Creo que nos puede ayudar y mucho. Si nos ayuda, podremos ayudar a Rebeca.

—¿Es cristiana?

—No, pero...

—Estás como operada del cerebro. ¿A quién se le ocurre ir con una loquera que ni es creyente? Si oráramos más, si nos pusiéramos de rodillas más seguido, te aseguro que veríamos cambios. ¿Piensas que Dios no es suficiente?

—Oramos, Erick, y no veo cambios.

—Yo digo: ¡más!

Sentía que tenía razón, pero también sabía que esta doctora podía ser la respuesta a nuestras oraciones. Era ahora o nunca. Me puse como leona.

—¡Pues si no vamos, lo nuestro se acabó! ¿Oíste? ¡Se acabó!

Fue un grito desesperado de ayuda, un «Por favor, reacciona». Debí decirlo con tanta convicción, que Erick accedió a ir...

La doctora nuevamente oyó «nosotros somos cristianos, etc.» de labios de Erick, quien terminó su perorata diciendo:

—Si oráramos más, no estaríamos aquí...

La doctora lo miró y con mucha humildad le dijo unas palabras que para mí fueron luminosas.

—No pretendo quitarle el lugar a Dios, quizá puedo ser un instrumento de él para poner mi granito de arena y ser parte de la sanidad de su matrimonio...

Era la confirmación esperada. Sí, ella podía ser un instrumento de Dios, aunque no fuera cristiana.

Quizá a muchos esto les cause un corto circuito, pues sería lo último que harían en su vida cristiana. Había oído decir que buscar a un sicólogo o a un siquiatra equivalía a no confiar en Dios. Que decían cosas que se contraponen a su palabra, que uno acabaría dependiendo del «loquero» y no del Señor, y que ir a ese tipo de consultas era exclusivamente para personas graves, casi de atar, pero a nosotros nos ayudó tremendamente.

No dudo que haya a quienes les encante ir a ver sicólogos toda la vida, depender de ellos, y de sus pastillitas si las cosas van mal. Hay casos muy distintos que no pienso juzgar, ni quiero hacer una doctrina, ni mucho menos convencer a nadie de nada. Mi deseo es contar mi historia y cómo Dios utilizó ciertas cosas que nos ayudaron a restaurar nuestro matrimonio y la gloria es toda de él. Dios obró así con nosotros y una

Por otro lado, me invadía la frustración de no poder sacar todo lo que bullía en mi interior sin incomodar a Erick. Cuando llegábamos a hablar con alguien, invariablemente Erick me decía al salir: «Eso te dijeron porque están de tu lado, o dijo eso porque es mujer y no entiende lo que pasa con un hombre.»

cosa teníamos clara: No íbamos a asistir toda la vida a esta doctora. Tarde o temprano tendríamos que tomar las riendas de nuestra existencia. En este momento, no podíamos hacerlo, estábamos desorientados, exhaustos y nos parecía inverosímil que necesitáramos terapia. ¡Cómo! ¡Si ni siquiera es creyente!

Que yo sepa, no hay terapeutas profesionales cristianos. Tal vez existen, pero yo no conocía a ninguno. Nuestros líderes estaban saturados de consejerías y no dudo ni por un instante que con gusto nos hubieran ayudado aunque lo reconozco, ninguno tiene estudios profesionales en este campo. Cierto, tienen la unción y la sabiduría dada por el Señor por medio de su Espíritu, pero a estas alturas ya no estábamos dispuestos a pedir ayuda. No queríamos cambiar, ni oír lo mal que estaba uno o el otro. Quizá no teníamos la confianza suficiente para hablar de aspectos íntimos con nuestros propios compañeros de liderazgo. Algo era seguro, ninguno había atravesado por una situación como la nuestra. Era difícil, si no imposible, abrirse. Era impensable para Erick hablar de lo nuestro delante del liderazgo. Yo respetaba su opinión y no intenté insistir más sobre ello.

Por otro lado, me invadía la frustración de no poder sacar todo lo que bullía en mi interior sin incomodar a Erick. Cuando llegábamos a hablar con alguien, invariablemente Erick me decía al salir: «Eso te dijeron porque están de tu lado, o dijo eso porque es mujer y no entiende lo que pasa con un hombre.»

Cada vez que alguien me daba la razón, la lista de las objeciones se hacía más extensa. Me encontraba más que dispuesta a reconocer mis errores, pero llegó un momento en que la aflicción me rodeó y no estuve en la postura de aceptar NADA, ni que tuviera un problema, ni que tuviera que ceder. Había llegado al límite de mis fuerzas.

Después de pasar una hora con la doctora, quedamos en asistir una vez por semana. Solamente mi familia sabía de esto, nos apoyaron y nos motivaron para que no dejáramos de ir, pues se percataban de lo que estábamos pasando y de la tirantez existente entre ambos. Nunca dejaré de agradecerle al Señor el apoyo familiar que tanto Erick como yo recibimos de mamá y mis hermanos. Siempre nos escucharon y nos tendieron la mano. Los amo tanto porque sé que sin ellos, simplemente no hubiera sido posible pasar todo esto. Lo bueno es que Erick también lo reconoce así.

Sabía que Erick había accedido a asistir porque me vio desesperada, pero iba dispuesto a no soltar prenda, a no participar y a ser solo un espectador. Eso creyó él. Recuerdo las primeras citas en que la doctora comentó que yo llevaba toda el aspecto emocional del matrimonio y Erick la parte intelectual. Que lo normal era contarlas, pero en nuestro caso, recaía en mí todo lo emotivo porque Erick protegía sus sentimientos y emociones y, por lo tanto, era incapaz de sentir. Bíblicamente debemos evitar guiarnos únicamente por las emociones, pero las mujeres somos muy propensas a sacar el violín y vivir la vida como telenovela. Por ello, debemos dejar que el Espíritu gobierne nuestra alma. Sin embargo, yo cargaba con todo, porque Erick se protegía tanto en este aspecto que hasta era anormal no demostrar dolor, ni desesperación, angustia, ni nada. Ni un sentimiento.

En una ocasión, estando en el consultorio, me puse a llorar como loca, expresando mis frustraciones y enojos, mientras Erick en silencio veía sin mirar hacia algún punto de la habitación. No decía nada, ni se movía. Carmen, la doctora, al no ver reacción alguna en su rostro, se giró para preguntarle:

—Y usted, Erick, ¿qué piensa de lo que Gloria acaba de decir?

Erick se remolineó un poco en el sillón.

—Creo que Gloria exagera mucho.

Carmen guardó un silencio elocuente mientras lo escudriñaba a los ojos.

—¿Sabe Erick? Me tiene impresionada. En todo este tiempo ni siquiera ha volteado a ver a su esposa, no la ha consolado al verla llorar. Es como si usted tuviera un caparazón a su alrededor, una armadura que le impide actuar y sentir.

Lloré más fuerte. Fue cuando Erick hizo el intento de abrazarme. Carmen había descrito una situación cotidiana. La indiferencia de Erick era cada vez mayor y yo pensaba que él se sentía chantajeado por mis arrebatos emotivos, exageraciones, como las llamaba. Sin embargo, amor y atención a gritos eran peticiones que chocaban en esa armadura impenetrable descrita por Carmen.

Reflexionamos largamente en lo que nos iba diciendo la doctora. A veces estábamos de acuerdo, otras no, pero conforme las analizábamos, veíamos que tenía sentido lo que nos explicaba. A veces, al salir de las terapias nos dábamos unos agarrones de aquellos porque, o Erick se enojaba de que a mí no me pareciera nada, o la enfurecida era yo por su renuncia a hablar (sí hablaba, pero para criticar lo que no le parecía acertado).

Carmen nos hizo contarle anécdotas, nuestras preocupaciones por las hijas y nos ayudaba a ampliar y a balancear nuestro horizonte. Cuando hubo necesidad de buscar escuela para Rebeca, Carmen nos centró al decirnos que no nos afanáramos en la mejor superescuela para Rebeca: «Después de todo, ¿qué aprenden los niños en primaria? Solo lo básico, lo más importante viene después. Así que, no se alteren y tengan en mente que no le están buscando carrera, sino simplemente lo mejor para ella.» O: «Quítenle la presión, Rebeca no necesita que las normas de un sistema la califiquen. Paso a pasito alcanzará su madurez sin necesidad de empujarla tanto.»

Descansamos, más yo ya había peinado toda la ciudad en busca de la escuela ideal; pero en todas, a causa de su conducta, me la habían rechazado. Fuimos a una pequeña escuela. En el salón habría unos seis niños. Expusimos nuestra situación, el porqué repetía año y si la escuela estaba dispuesta a aceptarla.

«Pero por supuesto que sí», dijo la encargada sonriendo. «Bienvenida, trabajaremos juntos por sacarla adelante.»

La doctora Carmen nos iba ubicando en aspectos donde constantemente nos atorábamos. Nos decía que teníamos que llegar a acuerdos para que funcionaran las cosas. Nuestros canales de comunicación se habían viciado y ya no nos escuchábamos.

¡Ay, qué alivio! Un peso menos. No era la gran escuela, pero habíamos hallado quien la ayudara a salir adelante. Me relajé muchísimo. La que era maestra de Rebeca tenía una paciencia y un amor muy especiales por ella. Veía que la trataba con mucho interés, a su paso, no importando que no fuera al nivel de los demás alumnos. Algo tenía esta mujer que me llamaba mucho la atención. ¿Cómo su amor podía ser tan especial por una criatura que no conocía? Rebeca podía ser una niña muy tierna, como también ser grosera e impaciente y esto no parecía importarle a su maestra. La toleraba y perseveraba en tratarla con amor. Más tarde me enteré que esta maestra estaba pasando por una prueba durísima. Su hijo mayor, de doce años, tenía un daño cerebral muy severo y afrontaba muchos problemas, por lo que requería que lo atendieran como un bebé. Es impresionante ver cómo estos niños tan especiales marcan nuestro comportamiento, sobre todo con criaturas que tam-

> *Al darme cuenta que guardaba resentimiento, el perdón entraba sin dificultad. Sabía como cristiana lo que tenía que hacer.*

bién tienen problemas. Pruebas así nos hacen tener una paciencia y un amor para con ellos que en circunstancias normales no tendríamos. Tarde o temprano, con terapias y paciencia, Rebeca florecería.

La doctora Carmen nos iba ubicando en aspectos donde constantemente nos atorábamos. Nos decía que teníamos que llegar a acuerdos para que funcionaran las cosas. Nuestros canales de comunicación se habían viciado y ya no nos escuchábamos. Sugería que abriéramos otras vías de comunicación para llegar a conclusiones mutuas, quedando ambos a gusto. Como por ejemplo, la atención a las niñas. Ella le explicó a Erick que yo necesitaba un tiempo para mí, un espacio para hacer lo que se me viniera en gana, sin la presión onerosa de mis hijas. Que se podían balancear estos tiempos, que si él deseaba una esposa contenta, tenía que poner de su parte. Poco a poco, Erick comenzó a darme esos espacios y la nube negra que cubría mi matrimonio dejó de ser espesa e impenetrable como yo la veía.

«Gloria, usted no puede marchar como es debido mientras le guarde resentimiento a Erick...» Casi me desmayo al oír las palabras de la doctora. ¿Resentimiento yo? ¿Cómo? ¿A qué horas? No es posible, si lo primero que aconsejo a los que acuden a mí es precisamente eso, no tener resentimientos...

Y la doctora con calma analizaba las anécdotas que yo misma le había contado, sacando ejemplos de un resentimiento químicamente puro. Era cierto. No lo había reconocido porque estaba cegada. El diablo se había aprovechado para tejernos una telaraña de situaciones que nos impedían ver nuestros errores. Esto me ayudó a orar mejor. Al darme cuenta que guardaba resentimiento, el perdón entraba sin dificultad. Como cristiana, sabía lo que tenía que hacer. Habría cambios porque nos estábamos abriendo y reconociendo el mal que había en nosotros y no solo en el otro. Erick participaba muy poco. Carmen iniciaba las sesiones con un:

—¿Cómo están? ¿Cómo les ha ido?

A lo que Erick contestaba con un cortés, pero lacónico:

—Bien —pero enseguida volteaba a verme y añadía un invariable—: ¿O no?

Esto me crispaba haciéndome soltar una letanía de quejas y frustraciones. Erick se cerraba y no abría la boca más que para decir:

—Pues yo me siento igual con ella y si no hablo es para no exponerla.

Punto. Yo le suplicaba que hablara para saber lo que tenía adentro y así saber de qué manera yo lo afectaba a él. Para Erick, las cosas no eran para tanto y todo se limitaba a exageraciones como ya dije.

—Cualquiera que te oyera diría que te casaste con la bestia apocalíptica y para nada, ¿eh?

—Tú percibes las cosas de una manera y él de otra y ambas son válidas e importantes —concluía Carmen.

Pese a todo, poco a poco a Erick le fue penetrando. Se habló de paternidad y Erick tuvo que reconocer que no tenía una imagen clara de lo que es un padre. El suyo había muerto y por consecuencia, no interactuaba con sus hijas sencillamente porque no sabía cómo. De pronto se fue abriendo a cosas que ni yo me imaginaba. Tanto fue así, que Carmen decidió ver a Erick a solas (no porque yo no pudiera escuchar, sino para que él se pudiera franquear en aspectos que no trataría delante de mí). Después de estas sesiones, Erick me llegó a comentar algo.

«¿Sabes?», me dijo, «empiezo a ver cambios pequeños, pero están sucediendo.

A Dios sea la gloria.

Describir todas las sesiones sería imposible. Mi percepción era una, la de Erick otra y la de la doctora otra. Hubo sesiones decisivas, como cuando Carmen le explicó lo importante que era el embarazo para la mujer a fin de dar a luz después. Esta es una etapa indispensable en la vida de las mujeres en la que realmente se sienten productivas, para tener entre sus brazos el fruto de nueve meses de espera. Le dijo, además, que la mujer crece con sus hijos, madura con ellos y vive a su lado todos los aspectos, y que conmigo no había sido así. En mi etapa más fecunda, mis dos frutos habían salido mal. Eso hacía que me sintiera frustrada, estéril y al no crecer con ellas normalmente, también yo me había estancado como madre. Rebeca, aunque era la excepción, también requería de especial atención y formaba parte de mi dolor y tristeza. También, que ella misma se impresionaba de ver cómo había yo salido adelante, aunque no del todo ilesa. Esa esfera necesitaba sanidad. Yo sabía que nadie, solo Dios, restauraría esa parte de mi vida que Carmen con tanta certeza nos expuso.

En lo personal, reflexionaba por qué necesitaba que Erick fuera ese árbol frondoso y firme al cual asirme. ¿Por qué dependía de eso para sentirme bien? Yo le creía justo, así tenía que ser, pero estaba equivocada. Mi fuerza no saldría de Erick ni de mí, sino de Dios. No podría depender de Erick. Él también sufría aunque no lo expresara. Erick también descubrió aspectos íntimos, muy personales, cosas con las que nunca se había enfrentado, pero que habían afectado grandemente su vida y su interacción conmigo y con las niñas. Fue hermoso ver cómo Dios fue echando fuera tanta basura, tantas cosas ocultas que afectaban a Erick, impidiéndole sentir. Había sufrido tanto en su niñez que puso una barrera para no sentir más, no ser parte del dolor ni del sufrimiento, y todo esto se estaba reflejando ahora.

Pronto comenzó a haber un entendimiento mutuo de nuestras reacciones. Una aceptación de amor, un comienzo de sanidad para nuestro matrimonio y un nuevo acercamiento. No fue fácil ni rápido, llevó mucho tiempo y mucha oración. Llegué a creer que no nos culpábamos por lo que habían pasado a nuestras hijas. Como los dos éramos portadores de la enfermedad, no había a quién culpar, pero nuestras acciones decían todo lo contrario. Veladamente, cada reclamo, cada disgusto o tensión, ponía de manifiesto que rechazábamos nuestros genes. Suena raro, ¿verdad? Pero después de hurgar en nuestros antepasados, culpábamos inconscientemente a nuestras familias, nuestros orígenes, a nuestros genes con la enzima baja. Decíamos siempre: «Si Erick y yo nos hubiéramos casado con otras personas, nada de esto hubiera sucedido.» Lo repetíamos para explicar la enfermedad de nuestras hijas. Ahora, ¿cuánto nos culpábamos por habernos casado con la persona no idónea genéticamente? ¿Cuánto deseábamos zafarnos de la relación con los pleitos y rechazos, ya que sin decirlo y muy adentro nos habían afectado esos genes enfermos? No había lugar a dudas de que nuestro matrimonio había sido de Dios. Erick era mi esposo por el cual había orado largamente y yo la esposa por la cual él tanto había pedido. En medio de este vértigo interior, Dios nos recordaba el compromiso, el pacto que habíamos hecho delante de él, ya fuera en las buenas o en las malas, en la salud o en la enfermedad, y esto desde luego incluía a nuestras hijas enfermas.

Aceptar nuestros errores fue todo un proceso. Enfrentarnos a lo que verdaderamente pensábamos y ubicarnos en la realidad genuina. Podíamos ver con claridad la obra de Satanás en nosotros, su sutileza para hacernos creer que teníamos siempre la razón. Ah, ¡qué engañoso es el corazón! El Señor es el único que conoce las intenciones y pensamientos más recónditos del mismo.

Carmen me dijo que yo era una controladora.

—Perdón. ¿Controladora yo? —sentí como palidecía ante la acusación, a mi juicio, injusta.

—Sí —agregó siempre con calma y sonriente—, tú vives las reacciones de tu esposo. Si participa en una forma que a ti no te agrada, entonces es malo. Si hace bromas que no te

¡La liberación absoluta llegó a mi vida! Me costó trabajo, pero comencé a darme cuenta cuando quería controlar.

gustan, entonces lo criticas. Si no se duele como tu deseas que lo exprese, te enojas. Lo quieres obligar a ser como tú quieres que sea y eso se llama control.

Me lo dijo con sutileza, con tino, sabiduría y en el momento adecuado. Gracias a Dios por esta doctora. En otras circunstancias jamás lo hubiera aceptado. ¡Qué triste es enfrentarse a algo que jamás pasó por mi mente que pudiera ser yo: una controladora!

—Y, ¿qué hago? ¿Cómo me lo quito?

—Deja a Erick ser como es. Si no quiere hablar, que no hable. Si desea hacer chistes, que los haga. Si participa, bien, y si no, también. Participa tú, llora tú y sé feliz tú...

¡La liberación absoluta llegó a mi vida! Me costó trabajo, pero comencé a reconocer cuándo quería controlar. Y al ser libre yo, participara o no Erick, empecé a disfrutar de nuestras salidas sociales. La alegría apareció, Erick también tuvo que ajustarse al cambio. Era independiente de Erick, no codependiente de él. Ambos teníamos una adicción, yo era adicta a Erick y él a mí. Al tener un padre alcohólico, era lógico que buscara un hombre con el mismo problema. Mi esposo no es alcohólico, pero su adicción a mí y yo por él no hacían diferencias. Al soltarlo y dedicarme a hacer lo mío (en el mejor de los sentidos) encontré el secreto de la libertad. Podíamos estar juntos y a pesar de ser tan diferentes, ser felices. A Erick le tomó más tiempo digerir el cambio. No reconocía con facilidad sus particularidades, pero para mí eso ya no era lo importante. Me estaba ubicando y saliendo de esa jaula que tanto me agobiaba, para ser más efectiva con mis hijas y mi matrimonio.

Cuando comencé a ser independiente, Erick sufría, pues no asimilaba que yo lo pudiera amar sin estar pegada a su lado las veinticuatro horas del día. Él tenía que encontrar su vida, independiente de la mía, con amigos, en actividades, en aficiones distintas que enriquecerían su existir. Le fue difícil ver que me ahogaban su dependencia e inseguridad. Yo quería correr lejos, encontrar el balance adecuado, enfrentando y reconociendo mis actitudes negativas. Definitivamente, el diablo estaba perdiendo una batalla con nosotros.

Otro aspecto importante de mi vida era el amor propio. Pensé que ya no batallaba con esto porque desde que me rescató el Señor, daba por hecho que había superado este tipo de situaciones. Carmen las llama «trampas de la mente», yo «trampas del diablo», porque es el terreno predilecto donde trabaja, haciéndonos regresar hasta caer en situaciones de las cuales Dios ya nos ha librado. A veces Erick hacía comentarios que me herían y yo presta, me ponía el saco de inmediato. Bromas o cosas que sabía que me dolían, Erick las hacía sin pensar. En una ocasión, por ejemplo, salimos con Ericka a una tienda, la pusimos a ella en su cochecito y le acomodé su pomo con una almohadita para que bebiera mientras comprábamos. De repente, una señora me detuvo indignada:

—Oiga, ¿cómo se le ocurre dejarle el pomo así? ¿No ve que puede ahogarse?

Yo esperé a que mi príncipe consorte saliera a defenderme a capa y espada, y todo lo que dijo fue:

—¿No tendrá razón la señora?

Casi le arranco los ojos. Le di un empujón al cochecito para retirarme, no sin antes decirle:

—A usted, ¿qué le importa, vieja *metiche*?

—¡Me importan los niños! —alcanzó a gritarme.

A Erick desde luego, le dije hasta la despedida. No podía creer que le diera la razón a esa desconocida. Después de todo, yo ya tenía experiencia con dos hijas en iguales condiciones, esta, ¿qué va a saber? ¿Para qué gasto tinta describiendo el pleitazo que nos echamos? Dios de mi vida, fue terrible.

Cuando se lo comenté a Carmen, ella lo analizó. Esa mujer me había dicho que no sabía ser madre, había tocado una fibra muy sensible de mi autoestima como mamá y

> *Carmen nos dio por separado toda una lección de auto estima que en mi caso se resumía en que la mía no dependía de Erick, y cada vez que él hiciera algo parecido, yo tendría que decirle que me había herido y que por favor no lo repitiera... ¡Resultó!*

para empeorar las cosas, quien debía de defenderme no lo hizo. Como afirmando que no sabía ser mamá. Fue importante que Erick supiera por qué para mí ese incidente había sido capital. Carmen nos dio por separado toda una lección de autoestima que en mi caso se resumía en que la mía no dependía de Erick, y cada vez que él hiciera algo parecido, yo tendría que decirle que me había herido y que por favor no lo repitiera.

Lo intenté y resultó. En una ocasión Erick hizo un comentario en broma de algo que me molestó y yo, sin perder el estilo, le dije que me había herido.

«Por favor, no lo vuelvas a hacer, que maltratas mi autoestima...»

¡Resultó! Me entendió perfectamente y no volvió a hacerlo. Erick es bromista por naturaleza y no quise con ese comentario cortarle su sentido del humor, simplemente yo estaba aprendiendo a poner límites en asuntos que hasta esta época no había hecho, viviendo resentida y herida.

A su vez, Erick fue cambiando. Como padre era más paciente con Rebeca, más sensible a sus necesidades y con trabajo, se empezaron a ver cambios. Poco a poco se fue enfrentando a sus debilidades y problemas. Nos costó bastante tiempo comprender todo eso. Es un aprendizaje de toda la vida. Para mí, lo más importante fue entender que no podía esperar que mi cónyuge fuera la roca, el árbol fuerte, el Rambo que todo lo puede y que sus sentimientos los deja atrás, con tal de hacerme la vida perfecta. Imposible. Solo Dios puede ser ese alguien tan invencible, poderoso, grande, fuerte e inconmovible como para refugiarnos en él, cimentarnos en él, recargarnos en él porque solo de su presencia mana todo el consuelo y la fuerza para levantarnos en amor cuando nos hallamos en el suelo.

Quizá usted no se encuentre en una situación así. Quizá su problema no sea igual. ¡Qué bueno! Lo que sí le puedo decir es que pasará por dificultades en su matrimonio. De esto nadie se salva y cuando se halle acorralada, recuerde que hay un Dios que tiene solución para todo, siempre y cuando estemos dispuestos a reconocer que usted o él, o los dos, tienen problemas. En nuestro caso, sé que la doctora fue un gran instrumento de Dios para restaurarnos. Para poder arrodillarnos y decir: «Señor, soy así, ayúdame a cambiar», y dar el primer paso al cambio. Dios se encarga del resto.

23

Cambios y más cambios

ERICKA ERA UNA NIÑA BELLA. Se parecía
mucho a Erick, aunque tenía más de mí de lo que tuvo Paola. Crecía y me gozaba comprándole ropita cómoda pues su
estómago era enorme y no quería lastimarla con nada. Era
de esas niñas que de inmediato inspiran ternura, no solo por
su enfermedad, sino por esa mirada tan especial que tenía.

Desde que comenzó su deterioro, me adelantaba a todo
lo que pudiera sucederle para evitarle al máximo el sufrimiento. Sus convulsiones fueron menos dramáticas que las
de Paola. Me hallaba alerta. Cualquier indicio extraño, de
inmediato corría al neurólogo. Comenzamos a notar que
sus convulsiones venían anunciadas con sonrisas y carcajadas antes de que se perdiera en espacios como lagunas.
Me impresionaba, pues eran las únicas ocasiones en que
podíamos escuchar su voz, su tierna y frágil voz. Ericka lloraba, después venían esas carcajadas que luego se conver-
tían en gritos desesperados, presagiando el ataque. Cuando esto ocurría, dejábamos todo para correr a su lado y
atenderla. Yo la tomaba entre mis brazos sin dejarle de repetir: «Hijita, ya va a pasar, aquí estoy contigo, no tengas
miedo, Jesús te ama y no va a permitir que te suceda

nada.» Guille me observaba y cuando le tocaba a ella, hacía lo mismo que yo. Aunque estas convulsiones no eran muy frecuentes, gracias a que la atendimos a tiempo, la medicina logró casi detenérselas por completo. Esto no quitaba los sobresaltos que sufríamos, pero nos hallábamos ahí para brindarle nuestro apoyo y nuestro amor.

Rebeca no entendía bien lo que pasaba. Percibía una atención constante hacia su hermana. Yo quería que ella participara sin que sintiera una carga por ello. Le pedía que me trajera cositas como pañales, pero nunca la obligué a atender a su hermana (excepto, claro, cuando era por enojo o por desobediencia). La relación de Rebeca con su hermana era del todo incomprensible para mí, la veía como si fuera una niña normal. Le hablaba de ella a todo el mundo y la quería llevar a cuanta actividad hubiera en la escuela o en alguna fiesta infantil. Para mí esto era en extremo difícil, ya que Ericka no estaba para exhibirse. No porque me diera pena, sino por la incomodidad que para ella representaba salir de su casa. Rebeca no lo entendía.

«Mamá, por favor trae a Ericka, se la quiero enseñar a mis amigos de la escuela. Quiero que vean que también tengo una hermanita...»

La llegué a llevar, pero cuando veía las caritas de sorpresa de sus amiguitos y el desconcierto de no saber lo que sucedía con ella, me embargaba la pena pues los niños suelen ser muy crueles y para nada quería que bombardearan a Rebeca con preguntas, burlas ni malos tratos. Sin embargo, Rebeca les contestaba: «Mi hermanita está enferma y estamos orando por ella para que Jesús la sane», y luego se volvía a mí: «Mamá, ¿pueden mis amigos orar por Ericka para que le pidan a Dios que la cure?» Y los niños, con esa fe que mueve montañas, se unían a la causa viendo la tranquilidad con que Rebeca actuaba.

Trataba de invitar amiguitos a comer y era difícil evitar las caritas de los niños cuando conocían a Ericka. Llegué a sentirme tan mal por cualquier comentario hiriente que le hicieran a Rebeca, que poco a poco dejé de recibir a invitados en la casa. Sin cesar tenía que decirle a Rebeca lo que estaba sucediendo con su hermana, en especial cuando preguntaba:

—Mamá, ¿cuándo va a caminar Ericka? Todavía no lo hace porque está chiquita, ¿verdad?

—No Rebeca, tu hermana nunca va a caminar porque está enfermita...

Y Rebeca lanzaba una mirada de angustia hacia la cuna...

—¿Se va a morir?

Se me hizo un nudo en la garganta.

—Sí, cuando sea el tiempo, tendrá que dejarnos para irse a vivir con papá Dios.

—Yo no quiero que se muera, mamá, quiero que esté conmigo. ¿Por qué Dios no la sana para que juegue conmigo?

—No te preocupes, hija, quiero que sepas que Dios es bueno, aunque tu hermanita se vaya con él. Dios nos necesita allá arriba y a veces cuando terminamos de hacer lo que tenemos que hacer aquí, él nos lleva a su presencia. No te preocupes, Ericka va a estar muy bien.

De vez en cuando, teníamos estas conversaciones porque sabía que Rebeca se tenía que ir preparando para cuando llegara el momento. Sin embargo, la gente no ayudaba mucho a que esta situación se viera lo más normal posible. Era como la adopción. Si Rebeca veía que era algo totalmente natural, no tendría por qué tener traumas ni cosas raras pasándole por la mente. Nunca se engañó. Así eran las cosas. Con lo de Ericka, Rebeca tenía que estar advertida. La gente se sorprendía al ver su actitud tan normal. Su desparpajo al decir: «Mi hermanita se va a ir pronto con el Señor. La vamos a extrañar, pero va a estar muy bien.» Cuando lo decía, yo deseaba meterme debajo de la mesa, pues era demasiado atrevida para decir estas cosas. Para mí esto era sano, la gente... Bueno, esa es otra historia.

Yo, ya no era la misma de antes. Con Paola había superado las miradas de las personas, sus comentarios; con Ericka, ya no fui tan paciente. Quería huir cuando las personas me rodeaban con curiosidad o con un interés malsano. En una ocasión en que fuimos a visitar a Fernando, la antesala estaba llena de niños con sus padres y fueron tales sus miradas que no resistí más; tomando mis cosas me metí al consultorio sin pedir permiso. Las recepcionistas trataron de detenerme, pero una vez dentro, Fernando me vio tan alterada que me recibió. Lloraba abundantemente.

«Perdón, Fernando, pero es que no soporto esas miradas de horror, de lástima...»

Desde ese día, Fernando dio la orden de que una vez que yo apareciera, me dejaran pasar de inmediato. Estaría en un consultorio vacío hasta que él pudiera atendernos. Dios lo bendiga. Sabía que era algo que yo tenía que superar, pero si lo podía evitar, lo haría con gusto. Ya no tenía la fuerza de antes. La capacidad de enfrentar con amor y paciencia a esas personas con cara de mil preguntas. Definitivamente, ya no podía hacer las proezas de antes.

Señor, oraba, *pensé que ya había superado esto, ahora siento que he retrocedido, pero es peor que antes...*

El reto de cada día: Saber que siempre habrá personas así, como también otras que nos levantarán y edificarán. Después de todo, no soy la primera ni la única en vivir este tipo de situaciones. Sin duda, hay muchas personas que experimentan aspectos incluso peores que los que yo pasé y están enteras y con paz. Yo me siento así, gracias a mi Señor. Aunque he de reconocer que muchas veces me sentí la más vil de las incrédulas cuando mis actitudes no eran las idóneas en cada situación. Sé que mucha gente podrá justificarme diciendo que era lo normal, pero cuando uno sabe que Dios ya le dio la capacidad y las armas para salir adelante y decide no hacerlo, pasa a ser peor que un no creyente, ¿o no? Por eso sigo convencida de que el Señor usa todo para quitar las actitudes más nefastas. Mientras más pronto logre mantener la paz, el gozo y el amor por el prójimo, sean las circunstancias que sean, más rápido también pasará la prueba y será más que vencedor.

Llegó el tiempo en que dirigir la alabanza en tres grupos de mujeres, sacar a mi pobre hija a veces con fiebre, preparar a Rebeca y hacer la comida, se me hizo imposible. Salir siempre corriendo de la casa y atravesar el endémico y terrible tránsito de la ciudad de México, tratando siempre de llegar a tiempo a mis compromisos, se tornó agobiante. Invariablemente llegaba, solo me esperaban a mí para comenzar, me ponía la guitarra y me invadía un pánico que se fue haciendo constante. ¿Qué canto? ¿Cómo comienzo? Dentro de mí, había zozobra y una angustia impresionantes. Me sentía vacía.

Por eso, cuando nos invitaban a socializar, yo aceptaba de muy buen grado. Eran vasos de agua fría en medio de un desierto, una breve distracción para retomar fuerzas.

Hubo veces en que estuve a punto de bajar la guardia y decirles a todas esas mujeres que me miraban fijamente, que no podía hacerlo. Entonces y solo por la gracia y la misericordia de Dios, salía primero un hilo de voz, que luego se tornaba en un río de alabanza.

Después de una de esas veces, tuve que reconocer que ya no me era posible participar como lo venía haciendo y con mucha pena hablé con la esposa del pastor. Ella entendió perfectamente y me dio todo su apoyo para quitarme esa responsabilidad. Me dolió muchísimo, pero sabía que así no estaba dando nada. Había aprendido con Paola lo que era el sacrificio de la alabanza, pero no era el mismo caso. Era simplemente reconocer que Ericka estaba antes que el ministerio. Dios pondría a alguien en mi lugar y yo regresaría cuando él así lo dispusiera.

Por primera vez en la historia del grupo de mujeres, un hombre dirigió la alabanza. Era Salvador, el hijo de mi amiga Lucía, quien recién había salido del instituto bíblico y tenía toda la disposición de servir al Señor y estaba feliz de hacerlo. No le importaba que fuera un grupo de mujeres. Yo me quedé con los grupos que se reunían en casa de mamá. Como no descansaba por las noches, a veces en casa de mi mamá tenía la oportunidad de recostarme un rato mientras Guille cuidaba a mis hijas. Ese breve sueño me ayudaba a enfrentar las juntas del ministerio, terapias, grupos donde ministrábamos, etc. Por eso, cuando nos invitaban a socializar, yo aceptaba de muy buen grado. Eran vasos de agua fría en medio de un desierto, una bocanada de aire fresco en el ambiente viciado donde vivía. Una breve distracción para retomar fuerzas y enfrentar un nuevo día con todas sus cargas y retos.

Nadie imaginaba todo lo que teníamos que hacer para cumplir con las actividades de nuestro ministerio. Además, los gastos se incrementaron al tener que pagar a dos niñeras y tener que dar telefonazos a dos sitios diferentes para preguntar cómo estaban nuestras niñas. Las invitaciones se empezaron a limitar y en muchas ocasiones Erick tuvo que asistir solo a esos compromisos. Ya no era fácil dejar encargada a Ericka.

La angustia que tenía porque Rebeca disfrutara de una niñez sin presiones y sin traumas se convirtió en una impotencia de no poder hacer nada al respecto. Quise meterla a clases de lo que fuera para que se entretuviera y conociera a más niños. Pronto, el rechazo no se dejó esperar. Un día la metimos a clases de ballet y ella estaba feliz y yo también. Hicimos el sacrificio para que disfrutara de algo diferente, así que le compré su payasito, sus mallas y una faldita con la que se sentía como en sueños. No pasó mucho tiempo sin que la notara a disgusto.

—¿Qué tienes, Rebeca, por qué no quieres ir?

—Es que las niñas se burlan de mí...

¿Burlas con mi hija? De inmediato me entrevisté con su maestra.

—Señora —me dijo con un dejo de pena—, lo que sucede es que Rebeca quiere dar la clase, no deja que la imparta yo y así como...

De nuevo a buscar otras clases. Tuve que soltar a mi Rebeca en el sentido de que me angustiaba verla en medio de la situación en que vivíamos. De modo que decidí entregársela al Señor: *Padre Celestial, en mis fuerzas he procurado todo para hacerla feliz, crearle buenos recuerdos para*

*que no sienta la presión de su hermana, pero ya no puedo.
Por favor bórrale todos estos momentos tan malos y llénase-
los de belleza, de amor y, por favor, ayúdanos a ser los padres que ella necesita que seamos.* En realidad, Rebeca no
sufría tanto como yo lo imaginaba. Sí, podíamos evitar algunos sucesos que le hacían impacto, como pelear delante
de ella o darle excesiva atención a su hermana, pero siempre se buscó el balance y todo esto con la ayuda de Carmen,
quien con sus consejos evitó que me deshiciera de angustia.
Quería evitarle tantas cosas a Rebeca que la estaba convir-
tiendo, según yo, en una niña insegura y miedosa. Me sorprendió sobremanera oír de diferentes personas comentarios tales como: «Oye, tu hija es inteligentísima» o «Es lo
máximo», «¡Qué linda es Rebeca!»

De pronto conocí un aspecto desconocido de mi hija, que
permaneció sepultado por el alud de quejas. Cambió mi
manera de verla. Dejé de presionarla y, entonces, Dios
aprovechó para llamarme la atención y decirme: «Mira lo
que estoy haciendo con mi escogida. Date cuenta que es un
tesoro, no una niña que solo necesita terapias y atención.
Escucha lo que otros verdaderamente ven y que tú misma
no puedes ver...»

—Oye Gloria, tu hija es estupenda, hace unos comentarios extraordinarios...

—Es muy tierna.

—¡Qué bárbara! Esta criatura está creciendo mucho y
es adorable.

Los comentarios se multiplicaron y así como la gente le
hace tener una opinión adversa sobre los hijos de uno, Dios
utiliza a otros para edificarle y hacerle ver lo grande y positi-
vo que hay en ellos. Era una niña que merecía todo nuestro
respeto, amor, apoyo y aceptación. La niña, que a pesar de
todo veríamos crecer, en la que nos realizaríamos como padres, quien nos brindaría momentos hermosos, nuestra heredera y quien disfrutaría todo lo que nuestras hijas biológicas no pudieron realizar. Era la que Dios había escogido
para un propósito. Era su instrumento para nosotros y para
otros. Una bendición de amor, un recipiente vivo para mol-

> *Cuántas cosas estaba aprendiendo con mis hijas. Nos angustiamos pensando que no somos las madres idóneas. Sin embargo, Dios nos da la gracia y la sabiduría para cumplir nuestro papel lo mejor posible.*

dearla con las cosas de Dios para su honra y gloria. ¡Qué importante es entender que nuestros hijos, a pesar de ser tan diferentes, necesitan siempre de nosotros, pues a fin de cuentas, hagan lo que hagan, siempre nos tendrán a nosotros! Como dice en la Palabra de Dios: «Los padres aun siendo malos, dan buenas dádivas a sus hijos.»

Cuántas cosas estaba aprendiendo con mis hijas. Nos angustiamos pensando que no somos las madres idóneas. Sin embargo, Dios nos da la gracia y la sabiduría para cumplir nuestro papel lo mejor posible. No, no somos perfectas, ni lo seremos. Vamos aprendiendo al lado de nuestros hijos y sobre la marcha nos vamos preparando, dependiendo de su edad, de sus necesidades, sin pensar que los problemas que vendrán serán grandes o pesados como los que experimentamos en esos momentos. Por eso Carmen me decía que este era el tiempo para que Rebeca se sintiera amada y aceptada, para que llegara a ser una linda adolescente y no una «rebelde con causa»: nosotros.

Ericka, mi amada Ericka. En la paz y la calma de la noche antes de que Erick regresara y después de haber arropado y dormido a Rebeca, la arrullaba y hablaba con ella como si se tratara de una persona mayor. «Perdóname, hijita, por no ser la mamá que deberías tener, perdóname por pelearme con tu papi, por ser tan egoísta, perdóname por todo... te amo y quiero que sepas que eres lo máximo para mí. Que el Señor te ama y que tal vez muy pronto conocerás a tu hermana Paola. Quiero que sepas que te voy a extrañar tremendamente y también lo mucho que te amo, que

nunca has sido una carga
para mí sino al contrario, eres
una bendición muy grande.
Te amo, mi niña, te amo.»

Y la cubría de besos. Ella
me miraba con ternura a través de sus grandes ojos negros,
fijamente como si entendiera
de qué le hablaba. Le sostenía
su manita en la mía y me la
apretaba fuerte cuando yo le
hablaba. Eran momentos que
ahora recuerdo y extraño, porque pocas son las ocasiones en
que podemos hablarles así a

> *Es increíble cómo
> a través de mis
> hijas pude valorar
> las prioridades que
> Dios nos da. Cierto,
> el ministerio viene
> después, mucho
> después de nuestra
> familia.*

nuestros hijos. Confesarles que hemos obrado mal, pedirles
perdón, decirles todo lo que significan para nosotros. A veces
no nos abrimos por temor de perder autoridad ante ellos,
pero es todo lo contrario. Cuando reconocemos nuestros
errores, ellos pueden confiar más en nosotros y conocer la
verdad. No tienen padres perfectos y pedirles que oren por
nosotros para que el Señor nos ayude, une tanto a padres
como a hijos. Esto no es fácil, por los temperamentos. Por
ejemplo, en medio de una rabieta Rebeca me decía: «¡No, no
te perdono!» Aunque sin falta al rato, ya apaciguado el be-
rrinche, ella misma se acercaba para decirme: «Sí, mami, sí
te perdono. Te quiero mucho...»

Es increíble cómo a través de mis hijas pude valorar las
prioridades que Dios nos da. Cierto, el ministerio viene
después, mucho después de nuestra familia. Necesidades
nunca faltarán, pero el tiempo con nuestros hijos pasa y es
un tiempo que nunca vuelve. Deseaba tanto mantener un
balance en esto. Erick predicaba, yo cantaba. Las invitaciones aquí y allá eran frecuentes. Las consejerías con señoritas se multiplicaron, cosa que me llenó de gozo pues se estaban rompiendo las barreras generacionales por la falta
de confianza. Aunque ya no dirigía la alabanza en algunos
grupos de mujeres, solo podía asistir a otras reuniones si

había quien cuidara de mis niñas. Claro, me frustró no asistir a todo, pero mis hijas estaban primero. Es tan fácil decir sí a todo, pero cuando se da cuenta, no ha puesto límite, no da abasto para cumplir y luego asiste para salir del paso, aunque sabemos que las cosas del Señor hay que hacerlas con excelencia. Sí, preocúpese por ser excelente que es muy diferente a ser perfeccionista, pero sin descuidar a los hijos.

En ocasiones, otros no entendían por qué a veces no podía asistir a algún programa, ya fuera para cantar o ministrar. «Es del Señor, ven», me decían. Y de sobra conozco la presión de organizar un programa para que luego los líderes en los que uno ha pensado le digan que no pueden estar. Lo peor era que yo me moría de ganas de asistir. «No puedo por mis hijas», decía yo, y se me quedaban viendo con cara de: «Eso no es importante, ven con nosotros» o «¿Qué pretexto es ese?» No faltó quien se molestara.

Entendí cuál era mi prioridad dentro del ministerio; estaba después de mi esposo y de mis hijas, y por supuesto, los jóvenes antes de cualquier invitación que afectara nuestros sábados con ellos. Definitivamente, muchas veces me pregunté si valía la pena dejar a los jóvenes o no. Eran parte vital de mi vida espiritual, y dejar de asistir a las reuniones con ellos, era algo impensable para mí. ¿Lo tendría que hacer? Dios seguía confirmando su llamado en esta parte del cuerpo de Cristo en donde estábamos y el canto era una bella añadidura con la que podía alcanzar a muchas personas más para el Señor. Quizá no fui la cantante más solicitada ni cotizada, pero mi posición en el servicio a Dios fue clara.

Lo que sí consideré de suma importancia era que los jóvenes nos conocieran mejor, que supieran lo que estábamos viviendo. Nos veían cada semana, pero no sabían mucho de nuestra familia. Entraban personas nuevas y la mayoría no conocía a Ericka. En un congreso de jóvenes decidimos hacer una cuarta grabación y el equipo de producción sugirió que fuera en vivo, aprovechando la presencia de cerca de dos mil quinientos jóvenes.

Cuando le dieron vuelta a la cinta para grabar la segunda parte, tenía que hablar un poco para darle tiempo a los técnicos de hacer sus movimientos, y ahí en ese intermedio les hablé de mis hijas. Las vestí como muñecas y las presenté:

«Ustedes nos ven cada sábado y hay dos personitas que son las heroínas de nuestro ministerio. Dos niñas que prestan a sus papás los sábados y que son las que en verdad sufren las penalidades del ministerio. Quiero que las conozcan porque son sus hermanitas...»

Y las mostramos orgullosísimos. Por supuesto, Rebeca tomó el micrófono y sin pena alguna saludó a los jóvenes de los que tanto había oído hablar. Después, al presentar a Ericka, se alzó un murmullo impresionante.

«Esta es Ericka. No sabemos cuánto le quede de vida; tiene una enfermedad incurable. Por ello, cada una de las canciones que aquí se están grabando son una realidad en mi vida. Gracias por sus oraciones y es a ellas a las que dedico esta cinta...» Y me arranqué a cantar una alabanza cuyo coro dice: «Nada vencerá mi fe.»

«Esta es Ericka. No sabemos cuánto le quede de vida; tiene una enfermedad incurable. Por ello, cada una de las canciones que aquí se están grabando son una realidad en mi vida. Gracias por sus oraciones y es a ellas a las que dedico esta cinta...» Y me arranqué a cantar una alabanza cuyo coro dice: «Nada vencerá mi fe.»

Los jóvenes experimentaban tal impacto, que el lado «B» de ese casete se cantó con toda inspiración y admiración. Ese día vi el fruto de esa acción. Una enorme cantidad de jóvenes y señoritas se acercaron para abrazarme, para decirme lo mucho que me admiraban. Otros para pedirme perdón por lo que habían hablado de Erick o de mí, por sus críticas, y ahora, sabiendo las que pasábamos, pedían perdón. Esto me sorprendió. Nunca me imaginé que yo, tan *buena onda*, pudiera ser blanco de sus críticas. Ese día, se rompieron barreras gigantescas con muchos jóvenes, gracias a la presencia de mis niñas ahí. No sabían ellos cuánto era Ericka parte de sus vidas, ni se imaginaban lo que sucedería exactamente un año después. Para Erick fue igual de impresionante, pues él no hablaba mucho de su familia a los jóvenes. No había duda, aquello había sido de Dios.

Los martes teníamos junta con los líderes de jóvenes en nuestra casa y ellos conocían a Ericka y observaban el aparato que le poníamos para que respirara, las horas que me tardaba en alimentarla, etc. Los jóvenes ni idea tenían de esto. Haberla conocido en persona fue lo que quebró el yugo de varias cosas. Muchos jóvenes comenzaron a venir a la casa, comían con nosotros y así podían conocer cómo vivíamos. A mí me encantaba, los conocía mejor y sabía de sus preocupaciones y sus anhelos. Era la gran oportunidad de observar los corazones de los que osadamente se atrevieron a invitarse a la casa. Otros solo fueron silenciosos espectadores. No se acercaron, nada más nos veían de lejos, quizá porque pensaban que éramos inalcanzables. «Los líderes... ¡Huy, qué miedo!» Por más que quisimos derribar esos muros, fue algo que Dios tuvo que hacer poco a poco para ir ganándonos su confianza y su amistad.

Aprendí mucho de los jóvenes. No era que me sintiera muy vieja, pero cuando ellos se acercaban a mí y me trataban de «usted», me di cuenta que lo era para ellos. Entendía muchos de sus problemas, yo los había vivido en mi juventud. Sin embargo, era innegable que existía una brecha generacional. Trabajábamos arduamente para actualizarnos y saber de sus presiones, sus temores, los cuales fuimos aprendiendo a través de consejerías y de convivir con ellos.

Definitivamente, eran aspectos que no vivimos en nuestra juventud. Supimos ceder nuestros derechos impresionantemente. Para mí fue determinante darme cuenta que ya no me ponía histérica al tener a veinte jóvenes en mi minúsculo departamento gritando, haciendo chistes y comiendo, comiendo y comiendo. Es más, disfrutaba verlos y oírlos para después participar de sus chistes o inquietudes. Me encantaba estar ahí, aunque claro, a veces me sentía incómoda porque con sus gritos despertaban a Ericka o tenía que alimentarla delante de ellos, pero sabía que era algo que debía superar y ahora disfrutaba lo que antes me incomodaba, porque veía que era sanidad para todos.

En ocasiones, tuve discusiones con Erick por ser tan apasionada. Él, ecuánime y medido, quería hacer las cosas de manera distinta a la mía. Tuve que aprender a ser ayuda sin frustrarme cuando no se tomaban en cuenta mis sugerencias. Tampoco fue fácil. Me metía en la organización de cualquier programa o actividad, pero en el momento de más apuro me era imposible estar ahí para supervisar el último de los detalles, ya fuera porque llegaba tarde por estar encargando a las niñas, o porque surgía algún imprevisto que me impedía llegar a tiempo. Esto a Erick le molestaba sobremanera. ¿Para qué estar sugiriendo cosas si no se iba a estar ahí para llevarlas a cabo?

Empecé a comprometerme solamente con lo que realmente podía cumplir. Mis maravillosas sugerencias tuvieron que esperar. Esto fue motivo de gran frustración. Era detallista y entregada y muchas veces mi esposo, por su carácter sosegado, me parecía un estorbo. Cuando le expresaba esto a Erick, me decía que siguiera adelante siempre y cuando llegara al final de mis propuestas. Esto, por supuesto, fue una dura lucha para que mi amor propio no se viera dañado. Es decir, si Erick me detenía en cosas que deseaba hacer, era porque el trabajo era mucho o porque él no deseaba comprometerse demasiado. Cuando no se me tomaba en cuenta o me callaba para decirme que las cosas se harían de otra manera, me sentía peor que chinche. Comencé a reconocer que mi intención no era ni quitarle su lugar ni competir con él, sino ser simplemente su ayuda, pero era evidente que no lo estaba siendo.

Con esta óptica de la situación, ya no me sentí ofendida ni rechazada. Lo ayudaría en lo que se pudiera, dejaría que

> *Existen algunas esposas que no se comprometen, ni se involucran en los ministerios de sus maridos y yo ciertamente no era una de ellas.*

él tomara las decisiones y si tomaba en cuenta mis opiniones, bien, y si no también. Después de todo, se trata de hacer las cosas para la gloria del Señor y para el bienestar de los jóvenes. Podía serle de más ayuda apoyándolo, animándolo y a veces quitándome de en medio. Ese era mi interés, que todo funcionara en armonía entre nosotros y los jóvenes.

Creo que el papel de ser la esposa de un líder, que le encanta estar comprometida en el servicio al Señor, es importante cuando se mantiene la perspectiva correcta. Existen algunas esposas que no se comprometen, ni se involucran en los ministerios de sus maridos y yo ciertamente no era una de ellas. A mí me gustaba estar ahí, ser parte y estar empapada de la visión de mi esposo. Erick era feliz de que yo estuviera tan activa en el ministerio, aunque luego con tantas presiones que pasábamos, nuestro juicio en el servicio se veía afectado. Para Erick, el ministerio era una presión de la que tenía que rendir cuentas a sus superiores. Por eso, sus decisiones no las tomaba tan a la ligera y las pensaba mucho. Para mí era un gusto, una distracción.

Una vez tomada la actitud que como esposas de líderes debemos tener, nuestro servicio a Dios puede ser más dinámico y eficaz. Tenemos todo un campo donde sembrar y hacer lo que Dios nos llama. Él es quien nos enseña que bajo la cobertura y autoridad de nuestro esposo, nuestro servicio puede ser interminable. Nuestra responsabilidad era enorme. Eran vidas de jóvenes depositadas en nuestras manos, bajo la influencia de nuestro ejemplo.

Al darme cuenta de esto, ya no quise pelearme por detalles pues me asustaba saber que mi vida era un libro abierto ante sus ojos. Teníamos que dirigirlos, llevarlos por la senda del Señor, a pesar de nuestras aflicciones. Por eso, me sometí a la autoridad de mi marido. Él, abrumado por el trabajo y por lo de Ericka, pareció cerrarse más. No mostraba emoción alguna, quizá una tenue angustia al ver que nos teníamos que limitar cada vez más, pero fuera de esto, nada.

Su trabajo pasó a ser lo más importante de su vida, era su refugio, su distracción, un oasis de las presiones familiares. Si tenía que dar alguna clase o casar a alguien, lo aceptaba de inmediato «porque era su trabajo». Ver a las niñas o sacar a pasear a Rebeca dejó de ser su responsabilidad. También en esto tuve que encontrar contentamiento. Los pleitos interminables del porqué no lo hacíamos juntos se terminaron cuando me dije: «Erick no tiene que hacer TODO conmigo.» Esto me liberó y me dio satisfacción.

24

El desenlace

DE NUEVO CELEBRAMOS el cumpleaños de las niñas. El énfasis fue más en Rebeca, pues ya se daba cuenta de todo. Ericka no lució muy contenta en las fotos. Iba empeorando, pero todavía soportaba. En una ocasión el doctor Loredo, parapetado tras su enorme escritorio, me miró largamente antes de decirme con gran seriedad:

—¿Usted sabe lo que es una...? —y dijo un término de esos raros que a mí se me hizo conocido.

—¿Quitarle el bazo?

—Sí, verá —dijo juntando sus manos—. Quiero que conozca todas las posibilidades que existen para mejorar en algo el deterioro de su hija.

—¿Y en qué consiste? ¿En qué la beneficiará?

El doctor procedió a describirme una operación horrenda. El deterioro continuaría y el único beneficio sería que las toxinas ya no se acumularían.

—Pero se acumularán en otra parte, ¿no?

El doctor asintió:

—Es solo un paliativo.

—No, no deseo someterla a una operación de caballo —dije resuelta—, en nada va a detener el proceso. Gracias por la información, pero no...

No hubo necesidad de decir más. El doctor comprendió perfectamente. Después de un breve silencio le pregunté:

—Doctor, ¿qué posibilidades hay de donar los órganos de Ericka? Claro, después que fallezca. Quizá alguien pudiera necesitarlos... Mi marido y yo ya hablamos de esto.

El doctor me miró sorprendido. Parecía que era la primera vez que le hacían ese tipo de petición.

—Bueno, desgraciadamente su hija no es una candidata idónea para eso. La enfermedad no le ha permitido crecer normalmente. Por lo tanto, sus órganos están muy afectados.

—¿El corazón también?

—También el corazón. No será posible, pero me admira su acción.

Yo pensaba en otros bebés que pudieran beneficiarse con algo de Ericka, pero no fue posible. No era la voluntad de Dios. Quizá muy dentro de mí deseaba, de alguna manera, extender la vida de Ericka en otra criatura, pero lo entendí y enseguida la idea desapareció.

Para el tercer cumpleaños de Ericka y el séptimo de Rebeca, solo invitamos a algunas amiguitas de la escuela de Rebeca para comer en su restaurante favorito y después a la casa. Mis sobrinos, hijos de Eddie, no podían faltar. Rebeca estaba feliz a más no poder y eso era lo que yo deseaba fervientemente: crearle recuerdos felices en tiempos difíciles. Estuvimos hasta muy tarde. Rebeca abrió todos sus obsequios y antes de que terminara la fiesta me preguntó:

—¿Cuándo cumplo ocho, mamá?

—El año que viene.

—¿Cuándo será mi fiesta otra vez?

—El ocho de junio del próximo año.

—¿Falta mucho?

Y desde ese día, a diario me estuvo preguntando. Bueno, sirvió para que se aprendiera los meses del año.

Mi chiquita no era feliz para ese entonces. Guille era su mayor alegría cuando la tomaba en sus brazos para consentirla mucho y si a Guille se le ocurría hacerle caso a Eddie, mi sobrinito, Ericka mostraba unos celos gitanos. Lloraba y se ponía imposible hasta que de nuevo Guille la volvía a cargar, dejándose mimar toda. Era curioso ver

> *Era curioso ver las reacciones de Ericka. Pese a su deterioro, era muy expresiva, mostraba su carácter fuerte en medio de su horrible enfermedad.*

las reacciones de Ericka. Pese a su deterioro, era muy expresiva, mostraba un carácter fuerte en medio de su horrible enfermedad. Si se quedaba sola en su habitación, gritaba o lloraba hasta que alguien acudía. Se daba cuenta perfecta de todo lo que sucedía a su alrededor y hasta de noche llamaba la atención. No era a propósito, la mayoría de las veces era para suplir sus necesidades como cambiarla de posición o cambiar su pañal. Todos sus dientes estaban muy deteriorados, llegó el momento en que parecían deshacérsele. Nunca había visto nada igual. Como no tomaba leche sino un sustituto, esto también le afectaba y a veces me la encontraba con una hemorragia en su nariz. Para mí la noche era toda una danza.

Guille era una bendición. Por ella pudimos salir adelante, tanto en el ministerio como con la familia y demás compromisos, pero la pobre se cansaba. Llegó a venir hasta los domingos, para que yo pudiera ir a congregarme. Hubo una ocasión en que le pedimos que se tomara un descanso y atendiera a su familia. No, no quiso. La obligamos (casi), pues su amor por Ericka y Rebeca era enorme, de modo que ya no me fue posible asistir los domingos a la congregación. No me pesaba quedarme con mis hijas, pero el hecho de estar encerrada era horrible. Esperaba a que Erick llegara para salir todos a comer. A él no le gustaba pues representaba toda una odisea, pero yo me armaba de valor y fuerza y le pedía salir para escaparme un poco de la rutina. Ya en

En el restaurante, rodeados de numerosos comensales, tenía que colocarme una armadura en el corazón para no hacer caso de las miradas curiosas, escandalizadas o de compasión, que nos dirigían abierta o veladamente.

el restaurante, rodeados de numerosos comensales, tenía que colocarme una armadura en el corazón para no hacer caso de las miradas curiosas, escandalizadas o de compasión, que nos dirigían abierta o veladamente. En ocasiones salimos con mi hermano Eddie y toda su familia. Al ver a tantos, las miradas furtivas parecían diluirse, no así cuando íbamos solos.

«No hagas caso», le decía a Erick, quien se molestaba y buscaba el modo de acomodar a Ericka para no llamar tanto la atención. «Vamos a comer a gusto y nos vamos. A mí no me importa.»

Y domingo tras domingo se repitió la misma historia.

Ericka comenzó a empeorar notablemente. Ya presentaba el mismo cuadro de máximo deterioro que presentó Paola. Me costaba trabajo darle de comer. Tomaba el contenido de tres botellas al día, pero era difícil dárselas. Parecía no apetecer nada y no la forzábamos mucho. *Bueno*, pensaba yo, *de hambre no se va a morir*. Le insistíamos, pero la cantidad de alimento descendió considerablemente. Otros días parecía recuperarse y comía perfectamente, así que no me preocupé tanto si un día no comía lo de costumbre. Un día, le descubrí un pie muy hinchado, luego otras cosas. La hinchazón, lejos de bajar, pareció incrementársele, por lo que la llevé a Fernando. Él la revisó meticulosamente para luego decirme:

—La hinchazón es agua. Esta niña está desnutrida...

—¿Qué? No puede ser —me sentí la peor madre del planeta—, mi hija muriéndose de hambre...

Fernando me explicó que no asimilaba lo que comía y que había que colocarle un tubo que llegara al estómago para que así se alimentara.

> *Cuando lloraba pidiendo oración, era porque me aterraba lo desconocido.*

—Tienes que ir al hospital para que te enseñen, de no ser así, tendremos que ingresarla...

La sola idea me repugnaba. Debe haber algo más que pueda hacérsele.

—Gloria, tiene que comer sus tres comidas al día. Si no lo hace, tendré que hospitalizarla. Una cosa es el curso normal de la enfermedad y otra que la niña tenga hambre.

Salí llorando de ahí. Sola, en el automóvil, abrazando a mi chiquita, lloraba con ella. El calor y el tránsito se encargaron de hacer más pesado el momento. Al llegar a casa, les dije a todos lo que había pasado. Que no soportaba la idea de meterle un tubo en su boquita o de verla internada en un hospital. De inmediato Guille tomó a la niña y no se movió hasta que Ericka terminó su pomo de alimento. Cuando Guille se iba, me tocaba a mí y así nos la pasamos en cuidado intensivo. Por supuesto, nos tardábamos eternidades en lograrlo, pero gota a gota le prolongábamos la vida a mi niña. Al tercer día llamó Fernando para preguntar cómo iba todo y le dije, feliz, que lo estábamos logrando.

—Bueno, pero no puede comer menos, ¿eh?

—De acuerdo, Fernando.

—Vuélveme a llamar en una semana o antes si algo se ofrece...

Seguimos con la titánica tarea de alimentarla y paulatinamente vimos cómo se fue restaurando. Ericka era una niña impresionante, luchaba por vivir. Una y otra vez se fue recuperando cuando yo pensaba que ya había llegado el fin. Se levantaba con determinación. ¡Qué niña tan admirable!

Me angustiaba la retención de líquido en ella. Lloraba mucho, pues nunca había visto nada parecido. Pedía oración a los líderes, apoyo. Todos oraron porque la voluntad de Dios fuera manifiesta. Yo también deseaba su voluntad y pedía: «Sánala por completo... o haz tu voluntad.» Jamás dije: «Llévatela.» ¿Cómo? No podía, no me salían ni las palabras, ni la intención. Cuando lloraba pidiendo oración, era porque me aterraba lo desconocido. ¿Qué le pasaba a su pequeño cuerpo? ¿Por qué esto o aquello? Esa incertidumbre me hacía sufrir mucho. Sabía que el fin se acercaba, que no podía seguir viviendo en esas condiciones. Erick me pedía orar unidos en un mismo espíritu y yo le decía que sí, pero no me pidas que se la lleve porque no estoy preparada para eso.

«Gloria», me decía Erick, «tienes que soltarla. Dejarla en las manos del Señor.»

«Erick, nuestra hija es de él, se la entregué desde que nació. Por favor, te lo suplico, no me pidas que ore para que se la lleve. Será a su tiempo, quizá no en el mío porque yo no quiero que se vaya.»

Los ojos me ardían de llorar. Le pedía al Señor no pasar por otro funeral, otro entierro.

Señor, no estoy lista para perder a otra hija...

Y aquí realmente empezó mi agonía.

Ericka mejoró.

Observé que su estómago tenía líquido. ¿Líquido? Sí, lo tiene en todo su estómago. Me acordé del relato en la Biblia sobre el hombre hidrópico. Ahora sabía lo que era eso, Fernando dejó de examinarla, se quitó el estetoscopio y me miró.

«Gloria, el hígado ya no está funcionando, llévatela a tu casa, no tiene sentido hospitalizarla.»

Un nudo se me hizo en la garganta. Él prosiguió. «Lo que se hace en estos casos es internarlos para pasarles albúmina, recuperarles los nutrientes, pero en el caso de Ericka no será así. ¿Para qué hacerla sufrir y solo prolongarle su vida unos cuantos días?»

Unos cuantos días, resonó en mi mente.

—No le veo objetivo, Gloria... cuídenla mucho, eso es lo único que necesita.

Recuerdo haberla arropado con cuidado. Mi niña, mi dulce niña.

En casa, no paré de llorar. Sentía una daga clavada en el corazón. Quería retenerle la vida, pero esta se me escapaba de las manos. No había nada que hacer. El tiempo se detuvo para mí, se pararon los viajes, las salidas y comenzó la espera. ¿Erick? Él oraba sin parar, cada vez más triste y sin fuerzas. ¿Qué palabras pueden describir mi sentimiento? La vida sigue, como mi Ericka seguía luchando con valentía. ¡Qué niña tan maravillosa me diste, Señor!

Llegó el cumpleaños de mamá. Se hallaba muy desanimada, cosa rara en ella, siempre tan vital. Era la única que me animaba vez tras vez. En los pleitos con Erick, en mis desánimos con Ericka, en mis pequeñas tragedias con Rebeca. Era un gran apoyo en mi vida. En esta ocasión, la vi deshecha. ¿Celebrar? Para nada, y yo me sentía mal al verla así, de capa caída. Me di cuenta que sufría doblemente: por mí y por su nieta. Las mujeres del grupo decidieron festejarle su cumpleaños a sabiendas que no era el momento, ni la situación. Su mirada azul y triste se fijaba en el estómago hinchado de Ericka.

«Hija, yo he oído que a los hidrópicos se les hace una punción para que salga el líquido y que eso ayuda mucho. ¿No se le podrá hacer eso?»

Se lo comenté a Fernando.

«Es cierto, pero es dolorosísimo. Además, en una semana más se le volverá a llenar de líquido el estómago. No lo recomiendo, Gloria...»

Se lo dije a mamá. Ella corrió a refugiarse en los brazos del Señor, a soltar toda su gran pena y descansar en él. Nada se podía hacer ya, solo esperar y orar.

¿Cómo era posible que le hubiera traído tantas cargas a mi mamá? ¿Cómo reaccionaría cuando le festejaran su cumpleaños? El mismo día de su cumpleaños, y de casualidad, mi hermano Roberto llegó a México. A mamá se le iluminó el rostro de alegría. De pronto, en medio del desayuno organizado por las mujeres del grupo, irrumpieron diez jóvenes con trompetas, violines y guitarras cantando las Mañanitas. Se me había ocurrido llevarle mariachis.

—Pero, ¿cómo mariachis a tu mamá? ¿No estás viendo
cómo se encuentra? —me decían las mujeres con un velado
escándalo.

—Quizá no aguante una hora de mariachis, pero tal vez
ocho o diez canciones servirán para quitarle la tristeza.

Y así fue, quedó tan feliz y sorprendida que el numerito
valió la pena. El resto de las mujeres aplaudían felices o
cantaban. Nos gozamos mucho. Fue un momento precioso.
Ericka también estuvo presente, callada, quieta, pero contenta.

—Erick, tenemos que ver lo de la funeraria, no quiero
que nos agarren las carreras.

—Llama tú, por favor...

Así lo hice. No bien hube colgado el teléfono, cuando me
solté llorando. Mamá y Erick se me quedaron viendo.

—¿Qué sucede?

Los precios eran muy exorbitantes, cobraban una fortuna por dos carros para llevar a la gente al cementerio.

—A mí, ¿qué me importa cómo vaya la gente? Quiero lo
más sencillo...

La voz del empleado era cortés, pero helada.

—Eso dicen todos y a la misma hora no hallan transporte. Además, lo use o no, viene en el paquete...

¡Qué frustración, qué falta de sensibilidad la de estos
empleados! Me sequé las lágrimas con lo que pude y musité:

—No puedo creer que esté preparando el funeral de mi
hija, en lugar de prepararle su boda o graduación.

Erick y mamá me vieron con impotencia; todos sufríamos,
pero era algo que tenía que hacerse. Dios, como siempre, envió a la persona idónea, el que menos nos imaginábamos que
pudiera socorrernos. El papá de Lucía había trabajado por
años en esa funeraria. Al enterarse, tomó el teléfono y en
cuestión de minutos no solo rebajó el precio en un ochenta por
ciento, sino que me telefoneó.

—Sé que es difícil para ti hacer esto, pero vamos a ponernos de acuerdo para que cuando llegue el momento, estés tranquila. Ya todo está
arreglado, llámame cuan-
do suceda...

Reportó, además, al
empleado que tan descor-
tésmente me había trata-
do. Ericka no estaba lista.
Seguía respirando, seguía
comiendo y con todo su ser
parecía decirnos: «Aquí
sigo, ¿eh?» Cada día agra-
decía a Dios la oportuni-
dad de tenerla entre mis
brazos, amarla, besarla.
La ocasión de tener un recuerdo más de ella en

*Durante esos días de
aflicción, no quise
hacer nada, ni hablar
con nadie. El sábado
era lo único que
esperaba con anhelo
para estar con los
jóvenes. Me fascinaba
verlos actuar y crecer.*

nuestros corazones. Una razón más para cuidarla y hacerla
sentir bienvenida. Fernando no dejaba de llamarme.

—¿Cómo estamos?

Había nerviosismo y sorpresa en su pregunta. Como
que esperaba la noticia del fallecimiento de Ericka.

—Bien, ahí la llevamos, ¿y tú?

—¿Sigue comiendo?

—Sigue.....

—Entonces, ¿todo está bien?

—Todo bien.

—Seguimos comunicándonos.

Y colgábamos. Así estuvimos durante tres semanas.

Durante esos días de aflicción no quise hacer nada, ni
hablar con nadie. Tampoco recibía invitaciones. El sábado
era lo único que esperaba con anhelo para estar con los jóvenes. Me fascinaba verlos actuar, crecer no solo física,
sino espiritualmente. A veces me instalaba para ver el esfuerzo que hacían por poner una obra de teatro o cantar delante de sus compañeros. Ahí realmente entendí por qué la
gente decía que yo tenía ochocientos hijitos. Me llenaba de

satisfacción esto, pero también pensaba con tristeza: «Nunca voy a ver su crecimiento ni a gozarme en verlas en obras de teatro, ponerse nerviosas en festivales para el día de las madres o escucharlas cantar frente a un auditorio.» Esto me entristecía sobremanera y no era porque estuviera enojada con Dios. Era sencillamente una tristeza abismal, pues durante toda la vida de Ericka nunca me puse a pensar en estas cosas como ahora.

No recuerdo haber estado tan sensible como durante esos días y me sentía fuera de mí. Siempre he tenido sentido del humor, he sido optimista, he mirado cada día —así siempre dice mamá— como si fuera la primavera, con todo y sus nuevos retos. Ahora no era así. Por un lado, quería gritarle al mundo: «¡Auxilio, mi hija se está muriendo! ¡Me siento mal, muy mal!» Y por otro lado sentía el desconcierto de las personas que no sabían, no se imaginaban ni entendían, la desolación que me llenaba. Verdaderamente era como si me estuvieran crucificando. Saber que en cualquier momento la hija puede morir... Yo no quería que muriera. Sí, sabía que estaba enferma, pero aun así deseaba que viviera. También conocía mi realidad, no quería verla así durante veinte años, pero la inminencia de la separación ya comenzaba a dolerme.

Llamaba llorando a Vivi, mi hermana, ya no quería hablar con mamá pues se sentía igual o peor que yo y no quería afligirla más.

—Vivi, solo escúchame. Me siento mal, impotente, amo a mi niña y no quiero que se muera...

Y mi pobre hermana tan lejos, allá en San Diego, se sentía igual de impotente.

—Si quieres que vaya, dímelo y mañana salgo para allá.

—No, no quiero que dejes a tus hijos para venir a verme. Lo único que deseo es hablar con alguien, que me escuches.

Y mi llanto fluía sin medida hasta que me desahogaba. Me sentía un poco mejor —quizá mi hermana no—, pero retomaba fuerzas para enfrentar ese nuevo día que se presentaba con la amenaza de ser «el día». Para ese entonces ya Eddie vivía en Puerto Rico con su familia. En Méjico solo estábamos mi mamá y yo.

Durante meses planeamos el Congreso de Jóvenes. Grabamos el tema musical en un estudio para venderlo en casete, así como camisetas y trípticos. El lema estaba sacado de Jeremías 2:2:

> Me he acordado de ti,
> de la fidelidad de tu juventud.

Los líderes de jóvenes, jefes y subjefes trabajaron arduamente para que este congreso fuera un éxito. Se contrataron hasta fuegos pirotécnicos, algo nunca visto en la congregación. Estábamos verdaderamente emocionados. Como conferenciante invitado estaba Mike Maza, maestro nuestro cuando estuvimos en *Cristo para las Naciones*. Durante esa semana convivimos con él y con su esposa, pues estuvieron hablando en el instituto bíblico de la congregación, en grupos en casa, en casa de mamá y por supuesto en la congregación. Supieron de Ericka.

«No sabemos qué va a pasar, pero tenemos mucho interés en que este congreso sea un éxito. Esperamos a tres mil jóvenes y sabemos que ustedes están aquí por un gran propósito», les dijimos.

Una semana antes del congreso, los muchachos estuvieron trabajando en una gran escenografía que estaría en el auditorio. Todo estaba decorado como un desierto y habíamos acordado vestirnos como judíos de hace dos mil años. Se mandó a hacer un arca del pacto y Erick inauguraría el congreso vestido como un sacerdote, entrando en medio de cantos y bailes israelitas. Yo también mandé a hacerme el disfraz. Nos esmeramos en hacer inolvidable este programa. Todo estaba hecho con excelencia: conciertos, talleres, conferencias, vídeo en dos pantallas gigantes y juegos de luces para llamar la atención de los jóvenes, pero todo con respeto al Señor. Sentíamos que sería inolvidable... Y así fue.

Fernando me pidió ver a Ericka el miércoles. Seguía estable, pero había detalles nuevos que yo no había visto con tranquilidad. La examinó y me miró largamente para decirme:

—Gloria, no sé qué decirte. La chiquita ha aguantado demasiado. Yo le daba muy poco tiempo, creo que hay que hospitalizarla.

—¿Hospitalizarla? ¿Ya para qué? Además, no voy a permitir que mi hija sufra.

—Gloria, ya falta muy poco... —y añadió muy convencido— cuídala y no dejes por ningún motivo de llamarme. El viernes salgo a un curso, pero otro médico los puede atender en caso de cualquier emergencia...

Nuevamente sus palabras me golpearon, paralizándome: «Falta muy poco.» Ante esa sentencia, desaparecieron la poca fuerza y el gozo. Mientras mi hija viviera, saldríamos adelante con ella. Sí, lo intentaríamos.

El jueves, un día antes del congreso, tuvimos una junta con todos los jefes de tribus para ultimar detalles. Supervisamos los ensayos de alabanza, la colocación de la escenografía. En el auditorio flotaba un ambiente emotivo, amoroso. Todos colaboraron, esa noche llovió en exceso y el auditorio se inundó. Todos, incluyendo a Erick, se dedicaron a sacar agua y a secar la empapada alfombra. Mientras tanto, yo pasé a buscar a Mike, nuestro conferenciante, y a su esposa Nancy, pues le tocaba estar en casa de mamá. Para variar, llegamos tarde, cuando ya Salvador dirigía la alabanza. Ni me fijé quién estaba y quién no. De repente distinguí a alguien cantando. Era ella. Mi hermana.

—¡Vivi! ¡No lo puedo creer! ¿Qué haces aquí?

Nos abrazamos por largos minutos mientras la gente seguía alabando al Señor y sonriendo de ver nuestras reacciones. Vivi había venido únicamente a visitarme. Quería estar conmigo y sentía que el Señor la había enviado.

—No sé qué hago aquí, ni cómo me atreví a dejar a mis hijos y a mi esposo, pero quiero estar aquí contigo.

¡Qué maravilloso es sentirse amada! Mi hermana había tomado el primer avión disponible para estar a mi lado. Yo me sentía feliz. Una vez terminada la predicación de Mike, la invité a venir al congreso.

—Mike es nuestro conferenciante. Ojalá pudieras acompañarnos...

Ella aceptó. Esa noche cenamos muy contentos en casa de mamá y nos quedamos hasta muy tarde. Pasamos a dejar a Mike y a Nancy, porque muy temprano al día siguiente tenían que ministrar en el instituto bíblico. Esa noche sería la gran inauguración del Congreso de Jóvenes.

> *Erick se puso a orar; repetía en voz alta el Salmo 23 cuando de pronto le interrumpí:*
> *—Ya perdió el conocimiento...*

Llegamos a eso de las once de la noche. Guille cuidaba de mis niñas. En silencio entré a ver a Ericka y lo que vi me heló la sangre.

—Guille, ¿desde qué hora está la niña respirando así?

Guille me miró con sorpresa y temor. Intuyó que algo andaba mal.

—Pues ya hace rato, señora, por eso no se ha dormido...

—Está bien, Guille. Erick te está esperando abajo para llevarte a la casa...

—Señora, si necesita algo, dígamelo, sea la hora que sea.

—Sí, Guille, no te preocupes.

Se fue muy inquieta sabiendo que algo andaba mal. Quería quedarse, pero al verme tranquila, se marchó con reticencia. Nunca antes me había dicho que le avisara si necesitaba algo...

Tomé a Ericka entre mis brazos y la acaricié con desesperación. Respiraba con dificultad. Ya le habíamos puesto los humidificadores y sabía yo que por ahí no era el asunto. Cuando se durmió, la acosté con cuidado y fui a donde estuvo Erick, quien grababa la entrada del congreso.

—Erick —le dije—, ¿qué vamos a hacer si algo le sucede a Ericka?

Sin voltearme para verlo repuso:

—Ericka está primero. ¿Por qué? ¿Pasa algo malo?

—Erick, la veo mal, muy mal...

Cosa rara, la niña volvió a despertarse como a los quince minutos, la cargué y sentí que mi corazón se oprimía como apretado por una mano invisible.

—Gloria, acuéstala ya, mañana nos espera un día muy pesado...

—No, Erick, no está bien...

Percibí que iba perdiendo su respiración. Comencé a desesperarme. Me acordé de Paola y antes de que perdiera el conocimiento le susurré:

—Hijita, me saludas a tu hermana...

Erick se puso a orar. Repetía el Salmo 23 en voz alta, cuando de pronto lo interrumpí:

—Ya perdió el conocimiento...

Erick le puso la mano sobre su pequeño corazón y delante de nuestros ojos Ericka dejó de respirar.

Ya tenía rato llorando, pero cuando Erick no sintió ningún latidito más, comenzó a llorar desgarradoramente. No podía controlarse y me abrazaba sin dejar de gritar:

—¿Qué hacemos?

Lo vi deshecho, traspasado de dolor.

—Nada podemos hacer, cálmate —dije con un hilo de integridad. Él tomó el teléfono para llamar a nuestros pastores. Nadie contestó, habían salido a ministrar a otra parte y no se hallaban en México. Eran como las dos de la mañana.

—Llama a tu mamá...

Dudé. Nada se podía hacer ya. Despertar a mi pobre madre para llenarla de tristeza no era algo que quería hacer, pero vi a Erick tan triste y tan desesperado que marqué rápidamente. Cuando contestó no pude decirle nada, solo lloré y lloré.

—Gloria, cálmate, hija, Ericka ya está con el Señor, ya está descansando, no era vida para ella. Cálmate por favor...

Después oí a Vivi.

—Gloria, lo siento muchísimo. Me siento muy mal. Vamos para allá.

Colgué, enseguida Erick llamó a Palemón y a Paty Camú, líderes de la congregación y en ausencia de los doctores Pardillo, eran los encargados. Palemón y Paty pasaron por mamá y Vivi y llegaron a la casa.

Vivi se comunicó con Fernando para informarle lo sucedido. A pesar de tener que irse a un curso, no se iría sin dejarnos el acta de defunción necesaria para los trámites. Mientras tanto, recibí una llamada del papá de Lucía. Resultaba que la funeraria había dicho que no podrían ir sino hasta el día siguiente. El papá de Lucía me dio el pésame y me informó que ya había arreglado el problema y que en ese momento se dirigían para allá.

—No te preocupes por nada, Gloria, todo está arreglado y lo lamento mucho.

Tomé a Ericka entre mis manos. La cambié y le puse un hermoso vestido regalado por Eddie y Cristina en alguno de sus cumpleaños. La peiné y permanecimos a su lado hasta que llegaron los empleados de la funeraria. Traían una cajita blanca. Sin decirles nada, tomé a mi hija y la deposité en el féretro. Luego la miré largamente, sabía que Ericka ya no estaba ahí. Lo que quedaba solo era su estuche frío y deteriorado. Su espíritu ya era libre de ese cuerpo de muerte...

Minutos después llegaron los demás. Nos abrazábamos y narrábamos lo sucedido. Erick estaba abismalmente cansado. Nada había que hacer en ese momento, de modo que despedí a todos. Vivi se quedó con nosotros. Erick no tardó en dormirse, pero Vivi y yo nos quedamos platicando hasta la llegada del nuevo día. Gracias a Dios que ya habíamos tratado el asunto del lote en el cementerio donde Vivi y Jorge habían enterrado a mi papá. Ellos me ayudaron al proporcionarme un sitio en donde sepultar a mi hija. De no estar Vivi en el momento para los trámites, no sé qué hubiéramos hecho.

El amanecer llenó de rojos las ventanas de mi departamento. Rebeca apareció como siempre con su uniforme y le di de desayunar.

—Mamá, ¿Vivi durmió aquí?

—Sí, hijita.

—¿Ella me va a llevar a la escuela?

Vivi le dijo con amor:

—¿Quieres que te lleve, Rebeca?

—Sí, tía, llévame. ¿Me puede llevar ella, mamá?

Ya para salir todos, Rebeca se detuvo...

—¿Y Ericka? ¿Van a dejar sola a Ericka?

—No hijita, Guille está con ella...

Habíamos decidido no decirle nada hasta pasado el funeral. ¿Para qué hacerla pasar por algo tan dramático como es un velorio? Lo mejor sería decírselo en otro ambiente.

Llegamos a casa de mamá. Ahí estaba Guille con su rostro entristecido.

—Mamá, aquí está Guille. ¿Con quién se quedó Ericka?

Rebeca comenzó a preocuparse y a angustiarse. Estuve a punto de decirle la verdad, cuando Vivi me interrumpió:

—No, Gloria, después —y se dirigió a Rebeca—: Tu hermanita se quedó con Angélica. Te acuerdas de ella, ¿verdad?

Y Rebeca se tranquilizó para irse muy contenta a la escuela. Vivi en tanto se fue a arreglar papeles y a recoger con Fernando el acta de defunción. Esto último fue un problema, pues no la querían extender sin hacerle antes la autopsia a la niña. Argumentaban:

«Si estaba tan enferma ¿por qué nunca la hospitalizaron?»

Y Fernando explicaba todo lo relacionado con la enfermedad. Ellos denegaban e insistían en por qué no estuvo en un hospital. Gracias a Dios, después de un estira y encoge, otorgaron el acta, en la que puede leerse que Ericka falleció de cirrosis hepática.

Erick y yo llegamos a la funeraria, ya estaba todo arreglado. Al entrar a la capilla descubrimos la cajita blanca. Era igual a la de Paola, la abrimos y el cuerpo de mi niña, frío y tieso, lucía muy amarillo. La volvimos a cerrar y no la abrimos más durante el tiempo que duró el velorio. La gente comenzó a llegar a raudal. Desde temprano los jóvenes estuvieron allí. Todos bellos, trajeados, pero con cara de desconcierto, de no saber qué decir. Solo se limitaban a abrazarnos con fuerza. Yo estaba inconsolable, deshecha... Llegaba todo tipo de personas a darnos palabras de aliento, y abrazarnos. Yo todo esto lo veía lejana y me percataba que estaba volviendo a vivir la experiencia

> *La música comenzó. Las alabanzas llenaron toda la funeraria.*

de mi primera hija... Dios mío, qué dolor tan fuerte, tan prolongado.

Mamá y Vivi llegaron después de terminar todos los trámites. El propósito de Dios al haber enviado a mi hermana era evidente. Sin ella, no habríamos sabido qué hacer. El papá de Lucía fue otro ángel enviado por el Señor pues disipó todas las trabas que ponía la funeraria. Vivi era increíble; iba, lloraba junto conmigo, enjugaba sus lágrimas y corría a firmar papel tras papel. No tardaron en llegar los de la alabanza. Marco Barrientos hizo su aparición, junto con los demás líderes de la congregación. Ninguno faltó. Se me ocurrió llamar a Mike y a su esposa. Los pobres no sabían ni qué decir, pero tuvieron la disposición de asistir y fue algo hermoso. Se sentaron junto a nosotros sin decir nada. Solo oraban y después, con mucho respeto, nos preguntaron si considerábamos bien que Mike dirigiera unas palabras.

—Será un honor para nosotros.

Vivi y Jorge habían decidido pagar todos los gastos del funeral. Sin embargo, Palemón y Marco habían sido enviados para hacerse cargo de todos los gastos. Discutieron un rato y por decirlo así, ganó Palemón, Dios estaba en control de todo.

La música comenzó. Las alabanzas llenaron toda la funeraria. Yo no cantaba. Mi mente estaba recordando los últimos momentos de mi hija en este mundo. No era masoquismo, sencillamente no podía pensar en otra cosa. Me veía cargándola el día en que nació. El día en que supimos de su enfermedad y en el momento en que partió con el Señor. Me era imposible creer lo que me dolía esta separación. Erick se sostuvo mejor y cantaba con la seguridad y firmeza de que su hija ya estaba descansando.

Tu nombre levantaré,
me deleito en alabarte,
te agradezco que en mi vida estés,
que vinieras a salvarme.

Marco nos dirigió unas palabras muy preciosas. No bien había comenzado cuando de repente su voz se quebró y las lágrimas llenaron sus ojos. Con esfuerzo nos dijo:

—Hoy Ericka dio sus primeros pasitos...

El resto de su conmovedor mensaje hizo llorar a todos. Vivi no paró de llorar; es una mujer muy sensible al Espíritu Santo y le fascinan la Palabra de Dios y las alabanzas. Su esposo no es tan entregado como ella, por lo que no tiene muchas oportunidades de congregarse. Por eso, cada vez que escucha una predicación, es como si recibiera un vaso de agua fría en medio del desierto. Admiro su entrega y dedicación al Señor.

Un detalle que no podré olvidar fue ver cómo los jóvenes se colocaban moños rosas en su ropa. Era en recuerdo de Ericka y los repartían durante el congreso. ¡Qué bonito detalle!

La capilla no tardó en estar abarrotada. Pero siguieron llegando más y más personas. Había algunas especiales para nosotras y no podían faltar. Le hablé a la doctora Carmen, dejándole en su *beeper* el siguiente recado: «Estaremos en la funeraria hasta las dos y media.» Y allí estuvo, sin falta. Sus primeras palabras al llegar fueron:

—Aquí estoy junto a ti...

No supe cuándo se marchó, pero estoy segura que para ella este fue un funeral muy especial, muy diferente... Cuando vi entrar a la hermana Myers, mi corazón brincó de gozo. Hacía mucho tiempo que no la veía y su abrazo y sus condolencias fueron muy significativas para mí. No podría enumerar a tantas personas preciosas que estuvieron con nosotros en aquel día tan especial. Sería injusto omitir a alguno, pues cada persona que pisó la capilla ese día tiene un lugar especial en nuestro corazón. ¡Cuánto amor! ¡Qué privilegio fue sentir tanto apoyo con tal afluencia de amigos!

Mike se levantó y entre otras cosas, nos dijo lo siguiente:

—Gloria, Erick, sepan que Dios deseaba tener a Ericka con él. La necesita a su lado. ¿Están dispuestos a dejársela al Señor?

Eran palabras clave. Dejársela al Señor significaba no retenerla más, no aferrarnos a ella. Le pertenecía a él. Así fue desde el principio.

«Señor, si la necesitas contigo, es tuya. No la retengo más...»

Todos preguntaban por Rebeca. Había planeado que Guille pasara por ella a la escuela y se la llevara a casa de mi mamá, pero Guille insistió en acudir al entierro. Entonces, le tomé la palabra a Miguel Ortega, encargado de los «boy scouts» para que él se hiciera cargo de mi hija. Le mandé entonces una notita a la directora de la escuela explicándole que Miguel pasaría por Rebeca. Le rogaba, además, que no le comentara nada, pues ella desconocía todo. Miguel y su esposa se llevaron a Rebeca a pasar todo el día en su casa. Sus hijos jugaron con ella y estuvo muy contenta. Quedamos en vernos a cierta hora en la congregación y así pudimos asistir tranquilos al entierro.

Eddie nos habló varias veces desde Puerto Rico. Me sentía tan bien con toda mi familia pendiente de nosotros. Cristina, mi cuñada, lloró tanto por teléfono y yo con ella. Después me comentó lo mal que se había sentido por haber llorado en vez de consolarme. Tienen dos hijos y eso era suficiente para identificarse con el dolor de perder a un hijo. No sabían qué hacer, pero llamarnos en medio de una convención fue lo más increíble que pudieron hacer por nosotros. Jorge, mi cuñado, también habló desde San Diego.

—Gloria, si quieres tomo el avión y voy para allá, aunque dudo que llegue a tiempo, pero lo que digas, eso hago...

—No, Jorge, gracias por prestarme a Vivi. Ha sido una bendición. Gracias por tu interés, por tu llamada, pero mejor cuida a tus hijos...

Roberto, mi otro hermano, se hallaba de gira y se enteró pocos días después. También llamó, desconcertado y triste. Tanto él, como su esposa Tina, habían recibido la noticia como un fuerte golpe. Johnny Frisbee, uno de los muchachos que nos ayudaban en el grupo de jóvenes, ese día no fue a trabajar para acompañarnos.

—¿En qué quieren que los ayude? ¿Aquí o en el congreso?

—No, Johnny, vete al congreso y ayúdanos allá. Ponte de acuerdo con Palemón.

—Está bien, ustedes no se preocupen por nada. Ya está todo. Si no quieren ir, todo va a marchar sobre ruedas...

Palemón entraría disfrazado en lugar de Erick. Ya lo habían hablado entre ellos. A Erick le tocaba ministrar esa noche.

—Erick, si no quieres hacerlo, no hay problema, conseguimos a otra persona... —le dijo Palemón

—Está bien —contestó Erick—. Vamos a ver cómo me siento.

El desfile de personas continuaba. Estudiantes del instituto bíblico, las secretarias de la congregación, personas que nunca me imaginé ver ahí...

Partimos al entierro a la hora establecida. Muchas personas siguieron llegando después de nuestra retirada. Todo había sido tan rápido y la noticia se seguía esparciendo. Erick y yo nos hallábamos exhaustos. Yo no había dormido y mi estado de ánimo era patético. Erick se sentía igual. Un amigo nos llevó en nuestro auto hasta el cementerio. Pudimos descansar en el trayecto que se hizo eterno debido al tráfico y a la pertinaz lluvia que nunca nos abandonó.

Una vez en el panteón, Vivi se adelantó junto con Erick para sacar los restos de mi papá y colocar ahí mismo los de mi hija. Esta práctica es muy común en México. Sé que en otros países no es así. Vivi contempló la macabra operación. Solo apareció un féretro podrido y unos cuantos huesos. Vivi, lejos de impresionarse, sonrió:

—Ese no es mi papá, mi papá está con el Señor.

Fue una experiencia muy importante para ella que llegó a comunicar a su esposo, quien por cierto no entendió mucho.

—No, no está ahí, está en el cielo, su espíritu es libre. ¿Para qué ir a un cementerio donde solo hay restos? Él se encuentra en otra parte.

No es falta de respeto, es sencillamente que nuestro ser querido vive más en nuestros recuerdos, en lo que sentimos por él, en los felices momentos que pasamos a su lado y así mantenemos vivo su recuerdo, no visitando un cementerio que a mí solo me trae tristeza y dolor. En verdad, visitar una tumba no es lo que me hace recordar a mis hijas, sino que las llevo en el corazón, en todo mi ser. Recuerdos que a veces me hacen llorar, pero que son de amor y de gozo.

Le dije a Erick que deseaba que todo fuera rápido. Que no se extendieran ni los cantos, ni las predicaciones. Llovía, y aunque no había muchas personas presentes, quería salir corriendo de allí. La tristeza me ahogaba. En mi mente solo retumbaban las palabras: «No puedo creer que estoy enterrando a otra hija, no...»

Marco cantó dos alabanzas y Arturo Fong ministró brevemente lo que tenía en su corazón que fue hermoso como de costumbre. Él tiene una gran sensibilidad en funerales y entierros y verdaderamente supo utilizar las palabras correctas. Cuando ya se disponían a bajar la cajita, me abalancé para mirar por última vez a Ericka. Quizá en lo más profundo de mi ser deseaba comprobar que verdaderamente se había ido. Quería comprobarlo personalmente. Ver que solo quedaba su estuche y que su espíritu volaba libre delante de mi Señor. Hincada la miré, estaba más amarilla, más fría, más tiesa, sin vida. Guille se abalanzó también y Vivi la imitó. De pronto musité con desesperación:

—¡Ciérrenla por favor! ¡No quiero que la vea todo el mundo!

La única que se acercó por último fue la mamá de Erick. Traía conmigo todas las tarjetas con frases amorosas y festivas que recibimos de los jóvenes cuando Ericka había nacido. Las había guardado para mostrárselas a Ericka cuando

> *—Hijita, ¿te acuerdas de que Ericka estaba muy enfermita?*
> *Rebeca me miró con naturalidad.*
> *—Ya se murió, ¿verdad?*
> *Para variar, Rebeca me sorprendió de nuevo.*

fuera grande, pero ese día nunca llegó. Las deposité junto a su cuerpo, porque eran parte de ella... Los enterradores comenzaron su labor. Con rapidez colocaron las lozas de concreto, el cemento, mientras el ámbito se llenó con el canto de los asistentes y el murmullo de la lluvia. Yo no podía cantar. No era que no pudiera glorificar a Dios; sencillamente me lo impedía un doloroso nudo en la garganta. Me apoyé en el brazo de Erick, mientras veía cómo caían paletadas de tierra sobre la cajita blanca hasta que desapareció por completo. Mi chiquita se había ido. ¿Ahora qué?

Uno a uno los asistentes se despidieron de nosotros. El hermano Myers me abrazó largamente con fuerza. Él y su esposa lo habían sentido tanto... Ya tarde y sin probar bocado, nos dirigimos por Rebeca a la congregación. Tanto Erick como yo teníamos el deseo de ver la inauguración del congreso, aunque fuera desde la última fila. Obviamente, no teníamos el ánimo de estar ahí, ni de hacernos presentes, pero al llegar a la congregación habían surgido algunos problemas y Erick tuvo que tomar decisiones. Gracias a Dios, pudimos observar toda la inauguración y después fuimos a encontrarnos con Rebeca. Nos sentimos felices de que los jóvenes hubieran tenido, con todo y fallas, una hermosa inauguración.

Rebeca no preguntaba nada.

Yo solo la abrazaba y ella no paraba de hablar como de costumbre. Cenamos y nos fuimos a casa de mi mamá a pasar la noche. Erick fue por ropa y otras cosas a la casa y antes de marcharse me pidió que le hablara a Rebeca. Cuando por fin me decidí a hacerlo, se hallaban presentes Vivi y mi mamá. Hice varios rodeos antes de entrar en materia:

—Hijita, ¿te acuerdas que Ericka estaba muy enfermita?

Rebeca me miró con naturalidad.

—Ya se murió, ¿verdad?

Para variar, Rebeca me sorprendió de nuevo.

—Sí, ya se murió...

—¿Cómo sucedió?

Antes de contestar, recordé la muerte de Ariadna, una amiguita de Rebeca que se cayó de una azotea. Este hecho conmocionó a todos los pequeños, quienes se dedicaron a bombardear con preguntas a la maestra. Una de las que más preguntaba era Rebeca. Para calmarlas, la maestra les contó una historia que puso fin a sus inquietudes. Decidí repetirla.

—Hijita, llegaron dos ángeles hermosos y enormes y tomaron a tu hermanita para llevársela a Dios...

—Igual que a Ariadna, ¿verdad?

—Sí hija, igual que a tu amiga Ariadna...

En el funeral de Ericka vi a la mamá de Ariadna. No nos dijimos nada, solo nos abrazamos con fuerza y en nuestras pupilas brilló un entendimiento al compartir un dolor conocido. Creo que mi historia fue tan convincente que de repente Rebeca dijo emocionada:

—¿Ericka está jugando con Ariadna?

—Sí, mi hijita.

—¿Y también con Paola?

—Seguro que sí, Rebeca.

—Mami, yo me quiero ir con ellas...

Vivi, mi mamá y yo intercambiamos una rápida mirada de alarma y casi al unísono soltamos un ¡NO! rotundo.

—No, hijita —añadí—. ¿Y con quién me quedaría yo entonces?

Rebeca sonrió.

—Está bien mami, yo me quedo contigo...

Aparentemente lo había asimilado bien, pero estaríamos alerta y pendientes de sus reacciones futuras, pues ig-

norábamos cómo le habría de afectar todo esto. De una cosa
sí estaba segura: La vida nos había cambiado a todos.

Para sorpresa mía, al día siguiente Erick se levantó y
me dijo:

—Tengo que ir a predicar al Congreso de Jóvenes. No sé
si te quieras quedar con tu mamá...

No supe qué decir. Estaba cansada y confusa. Por un
lado deseaba asistir al congreso. Por otro, ignoraba cómo
reaccionaría ante los jóvenes. Vivi y mamá, al ver mi titu-
beo, decidieron por mí:

—Vamos todos al congreso.

—Pero es de jóvenes ¿les interesa ir?

—Por acompañarte, sí.

Erick se adelantó y entre tanto que nos arreglamos y
llegamos, Erick ya había empezado a ministrar. Los jóvenes se sorprendieron al verme entrar al auditorio. Les hicieron impacto al vernos ahí. La noche anterior se les había
dado la noticia y ahora nos miraban en respetuoso silencio.
Erick sacó el mensaje de lo más profundo de su corazón.
Fue increíble, el congreso tomó un giro inesperado. Ericka
había marcado la pauta. Ella vino primero y ella dejó el
ejemplo. Erick comunicó lo que en mucho tiempo no le había escuchado: nuestra frustración como padres al ver morir a nuestra bebita. La impotencia de no verla realizar
nada de lo que ellos podían hacer y los retó, una y otra vez,
a hacer las cosas que Dios quería que ellos hicieran, a ser
obedientes y a dejarse de juegos. A pensar que ellos tenían
toda una vida por delante. ¿La van a desperdiciar, o no?

—Ericka no fue leña para el infierno. Ya está con su Señor. ¿Y tú? ¿Te vas a ir también con él?

Erick remató con estas palabras. Fue algo increíble.
Vivi no dejó de llorar y yo con ella. A continuación, Erick
me llamó para que cantara y lo hice con una alabanza idónea para el momento:

Espíritu Consolador,
con tu fuego abrasador
y tu infinito amor,
abrázame, consuélame, ámame

y consume todas mis debilidades.
Perfecciona mi vivir por siempre en ti,
pues yo quiero adorar con olor fragante,
Santo Espíritu Consolador
Santo Espíritu Consolador
Santo Espíritu Consolador.

A. Flores, Promarsa 95

Canté con dificultad, la voz se me quebraba lo mismo que el corazón, tan solo de pensar en pararme a cantar después de lo pasado. Erick sabía que ese era un sacrificio de alabanza. Terminé como pude y miré al auditorio. Los jóvenes lloraban al ser ministrados por un mensaje real, arrancado del corazón de su líder, quien les demostraba lo importante que ellos eran para nosotros por estar ahí y por haberles dado aquel mensaje tan hermoso. Algunos se acercaron a darnos una flor, un dulce, un chocolate o un abrazo. Otros no sabían qué hacer. Unos más huyeron para no encontrarse con nosotros. Los entiendo. ¿Qué decir en situaciones así? Mike estuvo sensacional, comunicó lo que Dios le había dado sin alterar para nada su mensaje. Los demás, igual. A pesar de las circunstancias, el programa fue una bendición.

Yo me sentía lejana, tenía temor de hacer mi rutina, de regresar a casa y esperar ver a mi nena, aunque sabía que esto no sería posible. Por otra parte, tenía que hacerle a Rebeca todo lo más normal que se pudiera. Rebeca no se separó de nosotros. Pobre, se aburrió como ostra. Entre Vivi y yo la entretuvimos hasta que por la tarde se la llevó a Guille. No había a quién más pedirle ayuda... Y al mismo tiempo, no quería que ella se sintiera desechada en medio de esta experiencia. Como familia, teníamos que estar juntos. Cada vez que comenzaba la alabanza, me cubría el rostro para llorar larga y desgarradoramente. No pude escuchar el concierto de los invitados. Tuve que encerrarme en el cuarto de los conferenciantes y detrás de mí marcharon mi mamá y Vivi quienes nunca me dejaron sola.

Cada vez que hacían un llamamiento, Vivi acudía a ser ministrada sin importarle que se dirigieran a jóvenes. Su en-

> *Dije a los jóvenes que no tuvieran miedo de acercarse a nosotros. Que entendíamos perfectamente lo impotente que se siente uno frente a la muerte.*

trega me bendice mucho... Pero me bendecía más que no me perdieran de vista. No era que quisiera estar a solas, simplemente no aguantaba la presión y me quebrantaba repentinamente, víctima de la depresión. Ahí estuvieron siempre a mi lado.

Por lo general, doy los agradecimientos el último día del congreso y en esta ocasión, le pedí a Erick que me dejara darlos también. Después de los reconocimientos rigurosos, dije a los jóvenes que no tuvieran miedo de acercarse a nosotros. Que entendíamos perfectamente lo impotente que se siente uno frente a la muerte y que no se sintieran mal si no sabían qué decirnos, pero que no huyeran de nosotros, que necesitábamos hablar de nuestra hija. Que no nos sentiríamos mal si nos preguntaban por ella, que la indiferencia era peor. Les di libertad de acercarse y fue de gran bendición. Las barreras se rompieron y uno a uno (o por tribus) llegaron para abrazarnos, para platicar o para llorar con nosotros.

Recuerdo a dos jovencitas que meses atrás habían perdido a sus mamás. Yo las abrazaba y les preguntaba si me permitían ser su madre adoptiva; ellas, con los ojos brillantes, dijeron que sí. Recuerdo también a otra que me mostró en esos momentos su amor incondicional, puro, hermoso. Se llama Ericka... me impactó sobremanera el amor que me empezó a dispensar y me acordé entonces de un cuadro hecho con plastilina con el nombre de mi hija Ericka y pensaba cuando lo veía: «*¿A quién daré este cuadro?*» No lo dudé dos veces y se lo entregué. Creo que la hice feliz.

Los jóvenes me comentaron que después de haberles dicho mi mensaje, ahora se sentían con confianza para acercarse. Que no se atrevían a sonreír ni a echar chacota pues pensaban que con eso nos herían. Pero al vernos tan enteros, comenzaron a relajarse y a ser como ellos realmente son. Para muchos fuimos un gran testimonio, les costaba trabajo creer que estuviéramos ahí junto a ellos, que lo predicado de palabra, lo hacíamos también de hechos. Yo les decía que prefería llorar ahí con ellos, que hacerlo a solas en mi casa. No puedo describir la bendición que fuimos sin pensarlo. Dios fue glorificado, nuestro Señor nos dio la fuerza para estar presentes y sentirnos felices entre los jóvenes y con mi familia.

¡Qué linda mi mamá, con lo mucho que le costaba asistir a todo un congreso! Por amor a nosotros lo hizo y le estoy profundamente agradecida. Ella también estaba triste. Al igual que yo, comenzó su luto. Ella también extrañaría a la niña con quien se comunicaba de manera tan especial, a quien le cantaba. También echaría de menos su presencia en la casa y también necesitaba consuelo y apoyo. Ahí lo dio todo; me brindó lo que tenía para que me sintiera bien, y lo mismo hizo Vivi. Dios la usó de una manera única y maravillosa. Por ejemplo, tradujo a Mike en uno de los talleres y lo hizo con tal soltura que parecía tener años sirviendo diariamente en la congregación. El Señor la usó en cosas que ni ella se imaginó llegar a hacer. Dios tocó su vida y a partir de ese momento no volvió a ser la misma. Su modo de ver la vida cambió y llegó a su hogar pletórica, lista para repartir bendiciones. No me cabía duda de que el Señor había planeado todo esto. Su llegada no era casualidad. Había sido obediente al Espíritu y ahora se marchaba llena de él.

Todo terminó. Acabamos agotados, pero satisfechos. La última noche, Mike y Nancy nos invitaron a cenar. Nos ministraron y fue precioso.

«Deseamos decirles que no se apresuren para sentirse bien. Nosotros perdimos una bebita al nacer. No la conocimos, pero la gente nos impidió estar en luto por ella. Dios nos mostró que debíamos pasar por ese tiempo de luto para sanarnos completamente. Tómense su tiempo, si pueden, un descanso del ministerio, un tiempo para su matrimonio sin la presencia de Rebeca para reflexionar acerca de todo esto, buscar juntos al Señor, orar y después reencontrarse...»

Para mí, estas palabras fueron maravillosas. Erick solo asentía. Francamente, yo lo veía demasiado tranquilo. Despedimos a Mike y a Nancy. Sin duda, nunca esperaron pasar por todo lo que pasaron y de alguna manera Ericka también había hecho impacto en sus vidas.

Durante el congreso, Vicky y Manuel nos habían estado llamando. Son unos amigos muy buenos que al enterarse de lo sucedido, deseaban bendecirnos acompañándonos a un viaje, una vez que hubiera terminado el congreso. Erick se mostró de acuerdo.

—Vámonos a la playa. Necesitamos un descanso...

Yo me resistí, sentía que de alguna manera traicionaba a Ericka. Aún trastornada, seguía sin tomar decisiones de ninguna clase. Solo deseaba ser arrastrada por la corriente sin tener la responsabilidad de decidir nada.

—¿Acaso no quieres ir?

—La verdad no, Erick...

—A Rebeca le va a servir.

—Sí, pero no sé que me pasa...

¿Cómo explicarle lo que sentía? Deseaba tanto que me abrazara, que me dijera que todo iba a estar bien y con caricias convencerme de partir. Para variar, quería más de él. Quizá me desesperaba su paz. Era como lo que narra la Escritura acerca de David cuando perdió a su hijo. Sus siervos no se atrevían a darle la mala noticia pues lo habían visto sumamente angustiado y ayunando por este hijo moribundo y, ¿cómo decirle ahora que ya había muerto? David al enterarse, se levantó, comió y abandonó su aflicción.

—¿Qué forma de actuar es esta? —le preguntaron sus oficiales—. Cuando el niño estaba vivo, usted ayunaba y lloraba; pero ahora que se ha muerto, ¡usted se levanta y se pone a comer!

David respondió:

—Es verdad que cuando el niño estaba vivo yo ayunaba y lloraba, pues pensaba: «¿Quién sabe? Tal vez el SEÑOR tenga compasión de mí y permita que el niño viva.» Pero ahora que ha muerto, ¿qué razón tengo para ayunar? ¿Acaso puedo devolverle la vida? Yo iré a donde él está, aunque él ya no volverá a mí.

2 Samuel 12:21–23 (NVI)

Así comencé a ver a Erick; no entendía por qué exactamente el lunes después del congreso, se había ido a trabajar temprano. Una cosa era haber asistido al congreso y otra era marcharse a arreglar

> *Se me abrieron los ojos. El tiempo de luto de Erick había comenzado cuando supo de la enfermedad de Ericka y terminó con su muerte. El mío apenas comenzaba.*

asuntos de trabajo. No podía comprender cómo quería irse de viaje a la playa, así como si nada. En nuestra cita con Carmen, me solté llorando como loca. Describí la tristeza que sentía y mi hipersensibilidad a todo, aun más que con Paola. Abrí mi corazón repleto de un dolor no experimentado antes y terminé por decirle que no me sentía yo. No me hallaba en mis cinco sentidos y lo peor es que Erick no me comprendía.

«Exactamente es eso», le dijo ella. «Gloria no se encuentra en sus cinco sentidos y usted tiene que ayudarla. Creo que es sano que se vayan a la playa y disfruten allá lo que puedan. Erick, entienda que Gloria está pasando por un tiempo de luto.»

Se me abrieron los ojos. El tiempo de luto de Erick había comenzado cuando supo de la enfermedad de Ericka y terminó con su muerte. El mío apenas comenzaba. No experimentábamos las mismas emociones ni sentimientos. Éramos dos personas no pasando por lo mismo. Me costaba digerir que Erick fuera tan insensible. Que pudiera continuar su vida tan normalmente, siendo la realidad que él ya había sufrido durante la corta vida de Ericka y ahora yo sufría con su muerte. Fue difícil, pero él entendió que no era nada personal en su contra.

Salí del consultorio convencida de que lo mejor era irnos a ese viaje que tanto me resistía a hacer y desprenderme del sentimiento de «dejar atrás a Ericka». Lo vi como un engaño, no estaba dejando atrás a mi hija. El diablo quería crear en mi mente una imagen que no era, una sensación de abandono que tampoco era; tuve que discernir lo que Satanás quería hacernos. No conoce misericordia ni tregua. En el momento en que uno piensa que no le atacará por lo sensible o vulnerable que se encuentra, es cuando más se ensaña con uno, pues en esos momentos de debilidad física, mental y espiritual, uno baja la guardia. Recordemos lo que la Palabra de Dios dice al respecto: «Anda como león rugiente, buscando a quien devorar.» Con estires y aflojes partimos. Rebeca iba más que fascinada; arreglamos todo en la escuela y le pedí a Guille que no se parara en mi casa durante el tiempo que permaneciéramos fuera. No deseaba que se deprimiera, ella también necesitaba descansar tanto física como emocionalmente.

Nos encontramos en el hotel con Vicky, Manuel y su hijita Paulina. Pasamos días tranquilos y en paz. Ellos se marcharon a los dos días de estar ahí y nosotros permanecimos otros dos días más. Empezaron a suceder cosas. Rebeca comenzó a llorar sin parar; en medio de una cena y sin aviso nos sorprendió preguntando: ¿Por qué Dios se la había llevado, por qué si ella la amaba tanto y la extrañaba? ¿Por qué no pudo ver cuando Dios había enviado a sus ángeles por ella? Me abrazaba desesperada pidiendo a gritos saber, sentir alivio y queriéndose ir con ella.

—¡Yo quiero estar con ella, mamá! ¡Verla!

Yo oraba angustiada: «Señor, dame sabiduría. ¿Qué le digo? Ayúdame.» Sin dejar de besarla, también le decía que la extrañaba y que sabía cómo se sentía. En un momento en que pareció calmarse, la miré fijamente.

—Hijita, Ericka ya no podía vivir más así como estaba. Su cuerpo ya no aguantó. Pero, ¿sabes una cosa? Ella ya está sana. En este momento camina, juega y hace cosas que aquí no pudo hacer.

Su rostro se iluminó.

—¿Ya puede hablar y caminar?

—Sí, hijita, ella está muy feliz allá y nosotros debemos estarlo aquí.

—¿Y por qué no me puedo ir con ella a jugar?

—Porque tú todavía tienes que vivir aquí. Dios tiene

> *Recordé las palabras de Mike: «No te apresures en sentirte bien.»*

un plan para tu vida y yo te necesito mucho. Te amo y no me quiero quedar sin ti...

Acabó por tranquilizarse. La envolví en mis brazos. Erick nos miraba en silencio. ¿Qué le hubiera contestado él? Rebeca siempre lo desequilibraba con sus preguntas como las arriba expuestas y él se esmeraba en contestarlas, pero a un nivel adulto.

Esa noche todos descansamos. Me sentí aliviada de que Rebeca se desahogara ahí y no en la escuela o en otro lugar. Dios comenzó a restaurarnos. Vi su mano en Rebeca y en Erick, sintiéndome de algún modo excluida, pero recordé las palabras de Mike: «No te apresures en sentirte bien.» No podía fabricar algo que no sentía, pero sabía que pronto me sentiría mejor, que el tiempo sanaría todo y que no había nada absolutamente imposible para Dios. De nuevo me sentiría entera, sana y con esperanza.

La escena con Rebeca se repitió al día siguiente, pero con menos intensidad. Nuevamente la consolé. Nunca pensé que exageraba, por el contrario, era su manera de sacar todo lo que la agobiaba. El viaje le sentó de maravilla, aunque Erick y yo no lo disfrutamos como ella.

Regresamos a México. Para mí todo era gris. Muchas veces subí corriendo las escaleras de mi departamento porque creía escuchar el llanto de un bebé y me detenía, recordando que no era posible. O dejaba de hacer algo porque sentía que era la hora de darle de comer a Ericka... para casi inmediatamente darme cuenta que la preocupación era un hábito. Pasaba una y otra vez por la recámara donde dormía Ericka y de manera automática la buscaba para solo encontrarme su cunita vacía. Son reacciones normales. Toma tiempo acostumbrarse y no es fácil, porque todo hacía que recordara a mi niña. Quise deshacerme de la ropita de Ericka, de sus juguetes, casi todo se lo regalé a una hermana de Erick que tenía un varoncito. ¡Qué bueno que le fueran útiles a otro bebé!

No había transcurrido ni siquiera un mes, cuando comenzaron a bombardearme con preguntas sobre mi estado de ánimo. Les sorprendía no verme repuesta, normal y no soportaba oír: «Pero ya lo esperábamos.» No sé, tal vez deseaban verme salir rápido de la aflicción por el solo hecho de saber que Ericka iba a morir. Lo que muchos no entendieron es que yo así había conocido a mis hijas. Tuve el privilegio de tenerlas a pesar de su enfermedad, de todo lo que pasaron y de saber que tendrían un desenlace fatal. Así las recordaba y no me molestaba eso. Así las quería tener conmigo porque así las extrañaba. Su presencia, sus miradas, su tan especial manera de comunicarse conmigo.

Sentía lo mismo que cualquier otra madre siente al perder un hijo, sea sano o no. ¿Qué es peor o qué es mejor? No lo sé. El dolor de perder a un hijo es sencillamente terrible y el enterrar a dos es peor. No me comparo con nadie; seguramente existen personas que han sufrido más que yo, pero no puedo evitar el preguntarme por qué mi reacción les extrañaba a tantas personas... ¿Cuál debía ser mi respuesta? La única que se me ocurría era: «Perdí a mi niña.» ¿Acaso era tan difícil de entender esto? ¿Que por qué no había asistido a tal compromiso? ¿Que por qué no me veían dirigir la alabanza en los grupos como antes? ¿Por qué no podía cantar delante de la congregación sin que un llanto incontenible me embargara? ¿Por qué veían a un Erick tan sereno, tan fuerte, y a mí no? ¡Porque perdí a mi hija!

Perdí la ilusión de lo planeado en alguna ocasión, de repente me cayó el peso de la angustia vivida durante aquellos diez años. Me di cuenta que durante la penosa enfermedad de Ericka no hice otra cosa más que dedicarme a sacarla adelante, a hacerle la vida más pasadera sin cuestionarme jamás nada. Ahora mis brazos estaban vacíos, mi mente ya no se ocupaba de ver cómo se hallaba mi hija. Ahora podía dormir toda la noche sin sobresaltos. Todos mis planes, mis sueños para mis hijas se desvanecían. La desesperanza me abrazó.

El sentimiento de la pérdida, de la lejanía y de la separación fue en extremo doloroso. Con la muerte de Paola, tuve la esperanza de tener más hijos, propios o adoptados. Ahora esa esperanza se esfumaba. Había que rehacer nuestra vida con lo que teníamos. Ya no podíamos tener bebés biológicos y adoptar otro era inconcebible. No deseaba otro bebé. Al no ver un futuro por delante, una abismal tristeza me llenó. El fruto de mi vientre estaba muerto, mi tarea productiva, frustrada, y como madre me sentía un rotundo fracaso. Estos sentimientos eran algo fuera de mi control y no hallaba cómo expresarlos. A veces era con una furia ante la insensibilidad de los que no me preguntaban nada o decían sus conclusiones.

> *Ya no podíamos tener bebés biológicos y adoptar otro era inconcebible. No deseaba otro bebé. Al no ver un futuro por delante, una abismal tristeza me llenó.*

Como, por ejemplo, una hermanita me dijo:

—¿Sería la voluntad de Dios que tú y Erick se casaran?

Mi primer impulso fue contestarle con alguna agudeza, pero decidí no ofenderla. ¿Para qué? La pregunta la había formulado sin una convicción sincera.

—Bueno, pues si no lo era, ya lo es —dije lo más cortésmente posible y me retiré.

Otros me decían:

—Gloria, hay otras cosas en la vida. Dios no ha terminado contigo, tiene muchas cosas para ti.

Hasta aquí todo iba bien, pero por alguna razón la conversación cambió a:

> *Sufrimos un desconocimiento alarmante a ser sensibles cuando alguien pierde a un ser querido. No sabemos qué decir, cómo comportarnos.*

—¿Ya te hablé de mi hijo? ¡Qué bárbaro, es una maravilla, estoy orgullosísimo de él y si vieras qué bien canta. En los deportes no se diga, es una estrella...

Y yo apretaba las mandíbulas: «Hay otras cosas en la vida.» Sin duda las habría para mí, pero de momento no las veía. No me cerraba a lo que el Espíritu quisiera hacer conmigo, pero necesitaba primero ser sanada, restaurada y eso no sería en mi tiempo. Lo único que pedía era una señal.

Ocurrió también que cuando trataba de explicar mis sentimientos más profundos a personas sinceramente interesadas y preocupadas por mi reticencia a aceptar tal o cual invitación, ellas invariablemente soltaban un:

—Voy a orar para que el Señor te quite esa amargura de tu corazón...

¡Pum! Gancho al hígado, *«knock out»* y al suelo. Imposible evitar que esos comentarios me afectaran seriamente. Me topé con una falta total de entendimiento hacia lo que es el luto. Apenas había transcurrido un mes. No alargaba mi dolor; era normal lo que me pasaba. Sufrimos un desconocimiento alarmante a ser sensibles cuando alguien pierde a un ser querido. No sabemos qué decir, cómo comportarnos y nos dejamos llevar por una pseudo espiritualidad que, más que consolar, ofende.

Erick no caminaba conmigo. Con rapidez se incorporó a su vida normal. Acudí a la doctora Carmen para indagar si me hallaba mal, fuera de situación, de contexto o de qué.

—Gloria, esto es perfectamente normal y vas a seguir sintiéndote así hasta que de pronto te cansarás de ese dolor y quieras volverlo productivo, ayudando a otras personas que pasan por lo mismo. No te apresures, el tiempo lo sana todo.

—Es que Erick no me entiende —replicaba— me siento tan sola, tan anormal...

Y ella trató de explicarle a Erick que en este momento como nunca, yo lo necesitaba más sensible. Más involucrado y más cercano porque el cuerdo era él. Necesitaba de su ayuda para convalecer y salir poco a poco del abismo donde me hallaba. También nos iluminó con respecto a Rebeca.

—Ella conoce el camino a la depresión. Si no la ayudamos ahora, no entenderá el porqué de muchas cosas y se sentirá culpable. Es decir, por mucho tiempo, la número uno en atenciones y tiempo fue Ericka. Ahora Rebeca tiene toda su atención y tiempo; ella se sentirá culpable de la muerte de su hermana por lo que está recibiendo. Le tienen que hacer sentir que ella siempre ha tenido su lugar. Decirle que su hermana sigue presente. No eviten hablar de ello y cuando lo hagan, que sea con naturalidad, para que vea que es algo normal y que ustedes sienten lo mismo que ella...

¡Cómo nos ayudó esto! Veíamos actuar a Rebeca, tal y como lo había descrito la doctora. A veces me preguntaba:

—Mamá, ¿no extrañas a Ericka?

—Sí, mi hija, mucho, pero estoy feliz de tenerte a ti.

—¿Me amas mucho, mamá?

—Con todo mi corazón y te necesito.

Y las conversaciones sobre Ericka se hicieron cotidianas. Durante meses seguimos hablando de su hermanita. Hubo veces en que desesperada me decía:

—Mamá, ya pasó mucho tiempo. ¿Cuándo regresará Ericka?

Y una y otra vez le ministraba a su pequeño espíritu, ávido de respuestas, de aceptación y de amor. Le decía que no volvería, pero que no se angustiara porque su hermanita era feliz donde se hallaba. Hubo ocasiones en que me faltó la paciencia porque la que necesitaba ser sostenida, amada y aceptada era yo. El Señor no tardó en darnos su respuesta cuando más la necesitábamos y lo hizo a través de la persona de la que menos me imaginé podría expresármela. En el

> *Mamá dijo algo muy sabio:*
>
> *—Gloria, ponte metas a corto y a largo plazo. Ya viene Navidad y todos tus hermanos acudirán. Será un tiempo hermoso para convivir, pero después fíjate una meta.*

grupo de mujeres de su casa, mi mamá habló sobre cómo afectaba el luto y me puso de ejemplo.

—A veces la verán muy seria, en otras ocasiones riéndose y hasta enojada. Esa es una reacción del luto. No hagan caso ni lo hagan algo personal. Solo ámenla, ofrézcanle su apoyo a pesar de todo y verán que Dios las usa para ministrar a Gloria...

Tras sus palabras, se alzó un murmullo de preguntas.

—¿Los cristianos sienten lo mismo cuando se muere un ser querido?

—Sienten, mejor dicho, gozo, ¿o no?

Con paciencia mamá contestó a cada una de esas preguntas. No porque fuéramos expertas en el asunto, sino porque habíamos pasado no solo por la muerte de mis dos hijitas, sino además de mi papá y de mis abuelos, entre otros miembros de la familia. Habíamos percibido también el sufrimiento de amigos ante este hecho tremendo que es la separación definitiva en este mundo. El desconocimiento era grande. No sabían cómo ministrar a los deudos. Se llenaban la boca de respuestas no solicitadas, dando el diagnóstico de por qué murió, buscando un antecedente causante de la tragedia o soltando el famoso: «Gloria a Dios que ya se encuentra con él», que en nada ayuda. Por ello, mi mamá dio atinada y sabiamente la instrucción para que se atrevieran a verme como un ser normal. Unas de inmediato así lo hicieron y fueron de gran bendición. Por ejemplo, una comenzó a llamarme por teléfono:

«Hola, soy una de las cobardes que no te quiso dar la cara porque sufro al solo verte...» Yo reía y le contestaba:

«Ana Rosa, eres una valiente por el solo hecho de hablar conmigo...»

Y Ana Rosa no solo siguió llamándome, sino que me enviaba platillos deliciosos, siempre acompañados de alguna pequeña nota afectuosa. De ser una «conocida» de esas que solo te dice: «Hola» y «Adiós», se convirtió en una amiga entrañable. Le costaba trabajo llamarme, percibía su nerviosismo a través del teléfono y esto me causaba una ternura inmensa. Cada semana oíamos de ella y recibíamos delicias preparadas en su cocina, una bolsita de pan dulce o un recado amoroso. La amistad con Ana Rosa surgió así. La semilla que muere para dar fruto: Ericka lo estaba haciendo.

Otras también nos bendijeron de manera parecida. No faltó la palabra amable o los detalles que tocaran mi corazón, haciéndome ver lo mucho que me amaban. El Señor me reconfortó enviándome a sus hijas y comencé a sentirme mejor...

Mamá dijo algo muy sabio: «Gloria, ponte metas a corto y a largo plazo. Ya viene Navidad y todos tus hermanos acudirán. Será un tiempo hermoso para convivir, pero después fíjate una meta. Por ejemplo, en febrero hay un congreso de mujeres en San Diego y a la semana siguiente otro en Los Ángeles. ¿Por qué no vas a ministrar, a cantar o a traducir?»

Gustosos, mis pastores me dieron permiso. La perspectiva del viaje, aunque lejano, me emocionó.

No podía creer que mi esperanza en ese momento fuera ver a mis hermanos para pasar un tiempo hermoso. Primero, llegó mi cuñada Cristina con sus hijitos, a los que no veía en meses. Yo no había salido mucho desde el fallecimiento de Ericka, solo lo indispensable. No podía estar en lugares con gente, porque de repente comenzaba a llorar. Aparentemente, no había nada que me provocara ese estado de ánimo y no podía controlarlo, como tampoco podía cantar alabanzas sin que el llanto me embargara. Cuando vi a mis sobrinitos... sentí una total melancolía. Los abrazaba, pero no pude evitar llorar y sentirme triste. ¿Cómo era que extrañaba a Ericka viendo a mis sobrinos si ella nunca pudo hacer nada de lo que ellos hacían? Creo, como dice mamá: «La sangre no es agua.» Al verlos jugar y correr pensaba: «Me hubiera gustado tener unos hijos así de sanos.»

Deseaba con toda mi alma ver a mis hijas así, gritando, peleando, y sin querer recordaba las palabras de esa hermanita: «Ojalá que Dios sane pronto esa amargura.» No era amargura, solo una impotencia normal, natural de quien ha pasado por la muerte de sus hijos y que el tiempo va disminuyendo. Si este sentimiento perdurara toda la vida, entonces sí sería amargura. De alguna manera mis sobrinitos llevaban una parte de mí. Era un sentir muy especial y contribuía el hecho de que no había pasado un mes.

Erick se esmeraba en consolarme sin éxito. Me era tan difícil explicarle lo que me comía por dentro, que definitivamente me apartaba para resolver a solas el asunto con el Señor. Fueron días muy difíciles para los dos y percibía que Erick se sorprendía cada vez más de mis reacciones. Pensaba que estaba tan serena como él, pero no era así. No entendía que Ericka era una extensión de mi persona. Que había estado nueve meses dentro de mí, que la di a luz y que todos mis recuerdos estaban enraizados en ella. Esa niña, al igual que Paola, había sido una extensión de nuestro amor aquí en la tierra y las dos me habían sido arrebatadas con la conciencia de que ya no las vería más.

Ni Erick ni los demás, podían entender que yo había conocido y amado así a mis nenas: enfermas. Las vi crecer y marchitarse. Me necesitaban; así las recordaba. No por ser incurables era mejor que se marcharan de este mundo. Sabía que Dios nos libraba de un sufrimiento mayor al llevárselas tan prematuramente. Él sabía mis límites de sufrimiento, hasta donde podía yo soportar. Él sabe. No sé de qué las libró el Señor de haber permanecido aquí. Quizá se perderían por la eternidad. O sencillamente las cortó como flores de este jardín para plantarlas en el suyo.

¿Quién conoce sus caminos o sus pensamientos? Eso lo entendía y lo asumía. No estaba enojada con Dios, pero me costaba trabajo ver la incomprensión de los que me rodea-

ban hacia mi dolor. Ya había pasado la crucifixión. Ahora
era como estar muerta en vida. Sí, seguía adelante, tenía
ilusiones, pero no más esperanza de hijos. Por ahora, no
pensaba en ello sino en mis pequeñas. Era como si le hubieran cortado dos dedos de una mano. Le quedarán tres, pero
le duelen los faltantes. Estaba plenamente consciente de
que tenía a mi Rebeca. Era más fácil pasar por esto con ella
que sin ella, como nos sucedió con Paola que nos quedamos
solos y vacíos. Había ahora una personita que nos necesitaba y esto nos mantenía a flote. Saber que por ella había que
seguir adelante porque se merecía una mamá contenta,
sonriente, una mamá como la que tuvieron Paola y Ericka.
Mas el dolor era fuerte, abismal. Ahora entendía más que
nunca lo que se mencionaba en la palabra acerca de María:

> Simeón les dio su bendición y le dijo a María, la
> madre de Jesús: «Este niño está destinado a causar
> la caída y el levantamiento de muchos en Israel, y a
> crear mucha oposición, a fin de que se manifiesten
> las intenciones de muchos corazones. En cuanto a
> ti, una espada te atravesará el alma.»
>
> Lucas 2:34-35 (NVI)

Sin embargo, después de la crucifixión y la muerte, llegó la maravillosa resurrección de nuestro hermoso Señor y
Salvador Jesucristo. Ahora yo esperaba mi resurrección.
Lo que Dios haría en mí y a través de mí, después de esta
experiencia. Muy adentro de mi corazón existía esa luceci-
ta palpitando y centellando, diciéndome que todo estaría
muy bien. Que vendría algo grande. Que Dios todo lo usa-
ría para su gloria y mi bienestar. Esto lo esperaba anhelan-
te, para romper las oscuras cadenas de la desesperación y
el desánimo, el dolor y la depresión. Deseaba destruir capa
por capa lo que me impedía sentirme normal y bien, de-
rrumbar lo que me quería mantener en derrota y aplasta-
da. Erradicar toda autocompasión y baja estima. Recuperarme y llegar a esa meta de dar a otros lo que yo había
recibido de Dios. De ser como esas personas enviadas por él
cuando yo más lo necesité, y de poder caminar en medio del
fuego como lo hicieron Sadrac, Mesac y Abed-nego.

Uno a uno fueron llegando los miembros de mi familia. Fueron días de luz, de total entendimiento y compresión para mí. Tiempos de risa y de llanto, de jugar, comer y convivir. Intercambiamos regalos y vimos con gozo las caras iluminadas de nuestros hijos al abrir sus obsequios. Fue un tiempo de oración y de recordar la llegada a esta tierra del Mesías. Sí, sí, nos acordamos de Ericka. Creo que para todos era convicción de que ella no llegaría a esta Navidad. Así que sabíamos que no sería fácil ni para Erick, ni para Rebeca, ni para mí. Sin embargo, fue como haberme puesto en «pausa» de sufrir. Se congelaron los sentimientos tan opuestos y encontrados en mi ser y me dediqué a vivir con intensidad esos días multicolores como los foquitos de un árbol navideño.

La Navidad terminó. Todos partieron y pronto nos quedamos solos con mi mamá, fatigada de tanto ajetreo y de tantas visitas. Mamá discernía con facilidad mis momentos bajos y era ella la que sabía darme fortaleza. Es una gran mujer de Dios que nos enseñó a luchar y a tener entereza en tiempos difíciles, con el Señor, a tener una entrega al máximo, siendo un gran testimonio para nuestras vidas. Hasta Erick envidiaba su entrega y manera de apoyarme siempre.

«¿Y ahora qué?», me preguntaba.

Volvimos a la rutina. A escoger vivir entre lo que Dios dice o no. Aún asistíamos a la consulta de Carmen, quizá no con la misma frecuencia de antes, pero lo que nos decía me servía mucho.

«No te presiones, todo es cuestión de tiempo», me repetía.

El tiempo transcurrió muy lento par mí. La gente se fue olvidando de nuestra pena y eso yo lo resentía mucho. Recordé que así había ocurrido con Paola, así que guardé mi corazón de sentirme mal por ello. Lo que fue de gran bendición eran las pequeñas sorpresas de Dios. Las llamadas de personas pendientes de nosotros, invitaciones a cenar con algunos líderes, recados de conocidos. En una ocasión me hallaba abismalmente triste cuando me llegó una nota de Marco Barrientos:

Erick y Gloria:

Encontré estas líneas en un libro y me pareció apropiado enviárselas a ustedes.

Les amamos mucho,

Marco y Carla

«Te prestaré por un corto tiempo a una hija mía», dijo él, «para que tú la ames mientras viva y la llores cuando muera. Probablemente vivirá seis o siete años, quizá veintidós o veintitrés, pero tendrás sus hermosos recuerdos que te servirán de consuelo cuando te halles de luto. No te puedo prometer que se quedará, pues como todos, a la tierra regresará, pero existen lecciones enseñadas allá abajo que deseo que esta niña aprenda. He buscado por todo el mundo a verdaderos maestros y por las sendas de la vida llenas de muchedumbre, te he seleccionado a ti. Le darás todo tu amor sin pensar que tu trabajo es en vano. ¿No me odiarás cuando venga por ella para llevármela de nuevo? Creo que los he escuchado decir: Oh, Señor sea hecha tu voluntad. Todo el gozo que viene de esta niña, traerá también el riesgo del luto. La llenaremos de ternura, la amaremos mientras podamos y por la alegría de que a través de ella hemos conocido, por siempre estaremos agradecidos. Y si los ángeles la llaman mucho antes de lo que planeamos, seremos valientes ante el dolor amargo que venga y trataremos de entender.»

Me costó trabajo acabarla de leer. Las lágrimas casi borraban las palabras que describían vívidamente lo pasado con mi hija. Marco nunca se imaginó la bendición que este escrito produciría en mi ser, pues me levantó mucho pensar que Dios había enviado esto a través de alguien sensible a su Espíritu.

Poco a poco comencé a consolar a otras madres que habían perdido a sus hijitas en meses anteriores. Sin darme cuenta, estaba ayudando a otras personas que habían pasado por la pérdida de hijos, esposos y seres queridos. Uno se siente bien consolando, escuchando. Definitivamente, había quienes necesitaban de ayuda profesional, los que no deseaban salir tan fácilmente, pensando que si lo hacían, traicionaban de alguna manera al fallecido. Pero ese ausente ya está feliz y lo que menos piensa, creo yo, es que sufren por él o por ella. Para nada desean regresar a este mundo lleno de sufrimientos, decadencia y aflicción. Ellos se graduaron antes que nosotros. Solo nos queda esperar a reunirnos con ellos cuando nos llegue el día.

25

El viaje

SE FUE ACERCANDO LA FECHA en que partiría a los dos congresos. Era un viaje largo. Por primera vez Erick y yo estaríamos separados por dos semanas. Él no lo deseaba, pues, además de la larga ausencia, tendría que hacerse cargo total de Rebeca. Yo luchaba, pero sentía que tenía que acudir, alejarme de la rutina y tener un tiempo a solas. Dejé todo en manos de Dios. Mamá iría conmigo y llegaríamos a la casa de Vivi y después a la casa de Roberto. De cierta forma, era un viaje familiar. Desde que Vivi se mudara a los Estados Unidos, estábamos separadas, no solo geográficamente, sino de muchas formas. Nos hablábamos poco y a partir del funeral de Ericka había comenzado un hermoso acercamiento entre ambas. De una manera muy especial Dios había tocado su corazón y ahora ella contaba los días para vernos, convivir y conocernos más a fondo. Partí un día de febrero sin la total aceptación de Erick. En mi interior tenía paz y contentamiento. Rebeca se quedaría con su papá y sabía que se desarrollaría una relación estrecha y necesaria entre ellos.

¡Qué experiencia viví! Nunca me imaginé lo que enfrentaría. Vivi y su familia nos recibieron con un amor y unas

Al llegar mi turno subí al estrado y comencé a hablarles de mis niñas... Esas mujeres fueron tocadas de manera muy especial. Rieron y lloraron conmigo, haciéndome sentir útil al Señor.

ansias desbordantes que me sorprendieron. Platicamos sin parar y durante esas largas charlas, Dios nos fue uniendo a Vivi y a mí como jamás lo había experimentado. Era como platicar con la mejor de las amigas.

Llegó el primer congreso y, para mi sorpresa, la invitada a ministrar no llegó. Entonces me suplicaron que yo diera la conferencia.

«Bueno, sí, pero aquí también está mi mamá. Ella también puede ministrar...»

Perfecto, en unos minutos se reorganizó todo el congreso. Comencé dirigiendo la alabanza, con el temor de que me brotara el llanto. No fue así. Me sentí libre, diferente, fluyendo con la fuerza del Señor. Entregándole todo lo que había dentro de mí.

Después mamá ministró. Inmediatamente me tocaría dar otras dos conferencias. Dios mío, ¿de qué les hablo? No vine preparada. ¿Qué hay en mi corazón? Y lo único que había ahí eran mis hijas.

Al llegar mi turno subí al estrado y comencé a hablarles de mis niñas. Conforme avanzaba el relato de la vida de Paola, las lágrimas de las mujeres ahí presentes no se hicieron esperar. Cuando llegué a la muerte de Ericka, hablaba con la voz quebrada y ahogada por las lágrimas. Esas mujeres fueron tocadas de manera muy especial. Rieron y lloraron conmigo, haciéndome sentir útil al Señor. Solo platicándolo me di cuenta de todo lo que él me había librado y ayudado, amado, enseñado y también de todo lo que me faltaba por hacer.

Mi última conferencia fue acerca de Rebeca. Hablé extensamente sobre ella. Parecía que me estaba hablando a mí misma, pues comencé a relatar todas las esferas que

ahora ella llenaba. Hablé de sus imprudencias, de sus debilidades, de sus terapias y después llena de orgullo me dije:
«Esta es mi hija. Ella me hace ser madre. Ella, con todas
sus inquietudes y desbarajustes, me llena de orgullo. Es la
heredera de todo lo que mis hijas biológicas no pudieron
disfrutar. ¿Por qué? Porque ella se lo merece.»

Fue increíble. Yo sola me ministré, aunque fueron muchas las que se me acercaron para decirme lo bendecidas
que habían quedado con mi plática. ¡Gloria a Dios! Él hizo la
obra, pues yo me sentía seca y vacía, sin nada que ofrecer.
Sí, seguía sirviéndole, pero después de tantas aflicciones y
desafíos, para nada me sentía capacitada. Gloria a él que a
pesar de nosotros se glorifica y eso es lo importante.

La semana prosiguió. De pronto, la casa de mi hermana
se inundó de llamadas e invitaciones para que fuera a hablar a sus grupos o congregaciones. Los días se fueron lle-
nando de actividades para servirle a él. Vivi era la primera
promotora. En su congregación, ya había planeado un cafecito e invitado a media humanidad. Al cafecito llegó la mi-
tad de las mujeres que habían asistido al primer congreso.
Fue increíble. La más sorprendida era yo. Tuve que hablar
en inglés, pues la congregación de Vivi es de estadouniden-
ses en su totalidad. En otro grupo me llamaron a ministrar
para los jóvenes y la bendición fue enorme. Hasta Jorge, mi
cuñado, asistió.

Una mañana escuché hablar a Vivi con una amiga que
recién acababa de tener a su bebé y este tenía problemas. El
pequeño se hallaba en el hospital y los padres estaban tristes y desesperados. Por señas le pedí a Vivi que me permi-
tiera ir a orar por el bebé. A pesar de que su amiga no
conocía para nada los caminos de Dios, Vivi fue lo suficientemente atrevida para decírselo. La amiga accedió extrañada.
¿Cómo era posible que una persona desconocida quisiera
orar por ellos y por su bebé?

Mamá, Vivi y yo acudimos al hospital. El ambiente del
nosocomio me estremeció, pues me recordó de inmediato
los tristes momentos vividos con mis hijas. El papá de la
criatura nos recibió entre cortés y distante, para llevarnos

a donde su hijo convalecía. El bebé era precioso. Entre las tres guiamos al papá a repetir una oración de salvación por él, el bebé y por Margarita su esposa, quien se mostró reticente a recibir la luz. Sin embargo, comenzó a ser tocada por el interés y nuestra disposición de haber ido a visitarlos. Los problemas del pequeño tenían arreglo, así que me dediqué a hablar con Margarita sobre la importancia de apoyar en todo a su hijo para sacarlo adelante.

Fue una hermosa experiencia. Era feliz de ver a las personas cambiadas y de sentirme útil. Quería regresar al hospital cuantas veces fuera necesario, acudir a todas las invitaciones y hablar sin cesar de las buenas nuevas de mi Señor Jesucristo. Al hacerlo, sentía que daba vida. Sí, a pesar de todo lo pasado. Por las noches, y a solas en mi habitación, me quedaba las horas meditando en él, leyendo su palabra o escribiendo extensas cartas a Erick, dándole santo y seña de todo lo que me pasaba. Mi resurrección había llegado. Servir al Señor había sido el camino y no deseaba otra cosa que su fuego y el fervor por él que creía perdidos. Ver salir adelante a madres, orar por pequeños enfermos y ser capaz de hablar de mis hijas como un gran testimonio, si no de sanidad, de cambios profundos en mi actitud.

Erick parecía no pensar igual. Se sentía desolado, abandonado y no podía participar del gozo y de la sanidad que estaba yo experimentando. Las ocasiones en que hablamos por teléfono parecían más de enojo que de bendición. Sabía que poco a poco tenía que ir comunicando a Erick lo que Dios estaba haciendo.

Regresamos al hospital a visitar a otro niño enfermo. Vivi quiso inscribirse como ayudante en el nosocomio, pues vio la necesidad de ayudar a otros. Y pronto llegó la fecha del segundo congreso. Las tres, mamá, Vivi y yo, partimos a Los Ángeles, donde acudirían cinco mil mujeres. Yo traduciría a las personas hispanohablantes. Mamá se quedó con Roberto y Tina, dado que a mi hermano recientemente lo habían operado de una hernia y mamá sintió que su lugar era estar junto a él. Vivi y yo tuvimos la oportunidad de realmente convivir. Durante tres días nos quedamos

juntas en el hotel y hablamos de cosas tan hermosas como
es el servicio a Dios, la bendición de poder asistir a tan importante actividad y escuchar pláticas edificantes y necesarias para ambas. Fue un tiempo maravilloso y por nada
quería que se terminara. Dios nos consintió hasta en los
más mínimos detalles y pudimos ver su mano en todo lo
que hicimos. Nos reencontramos como hermanas y nos conocimos como amigas. Conocí a una Vivi con un denuedo y
un atrevimiento increíbles por el Señor. A una mujer con
una comunión envidiable con su muy amado Dios. Conocí a
la madre de unos hermosos niños que crecían y que ella disfrutaba a pesar de todas las contingencias que en cualquier
familia pasan. Conocí a una esposa que es realmente una
ayuda para su marido y que ambos poseen una comunicación estrecha y bella. Llegué a admirar y a apreciar a una
Vivi nueva. Desde ahora nada nos separaría. Nuestra comunicación se había renovado, gracias al Señor.

Llegó el día de regresar a casa. Oré mucho para que en
medio de los problemas que me esperaban, no se desvane-
ciera todo lo que había vivido y me había transformado.
Vivi y yo nos escribimos largas cartas. También les escribimos a los esposos, agradeciéndoles mucho el tiempo que
nos habían permitido pasar.

Erick y Rebeca me esperaban en el aeropuerto. Mientras Rebeca me cubrió de besos y abrazos, contándome las
travesuras de Pancho, un perrito que le habíamos comprado en la víspera, Erick se mostraba taciturno y distante.
Había pasado unos días muy difíciles a causa de una enfermedad de su mamá y otros conflictos. No estaba feliz de oír-
me gritar de la emoción que me embargaba. Entendí que
era prudente tener cuidado, aunque me hería no poder
contarle todo lo que Dios había hecho conmigo. Mis recuerdos y testimonios le eran indiferentes, pero sabía muy dentro de mí que Dios había y seguía obrando en nuestras vidas.

De repente, me di cuenta que había sido como si nos hubiera caído un rayo después de la muerte de Ericka y ahora
estábamos viviendo lo que el rayo había dejado en pie. ¿Dón-

De repente, me di cuenta que había sido como si nos hubiera caído un rayo después de la muerte de Ericka y ahora estábamos viviendo lo que el rayo había dejado en pie. ¿Dónde quedaron los pedacitos para restaurar nuestro matrimonio, nuestra relación como padres, nuestra vida entera?

de quedaron los pedacitos para restaurar nuestro matrimonio, nuestra relación como padres, nuestra vida entera? ¿Cómo nos acostumbraríamos a vivir ahora sin los planes de tener por lo menos dos hijos? ¿Cómo sacar adelante a Rebeca a pesar de nuestras frustraciones, tristezas y malos momentos?

De algo estaba segura, Dios había comenzado conmigo en aquel viaje y dependía ahora de mí, tomar su mano y seguir hasta ver restaurada mi vida y la de mi familia. Sabía que también vendría la resurrección de Erick y ese momento no tardó. Le pedí a Dios fuerza y sabiduría.

Rebeca comenzó a tener importantes progresos. Erick y yo poco a poco fuimos limando asperezas. No fue sencillo y tomó mucho tiempo sintonizarnos en la misma frecuencia. En una ocasión pude ver esto cuando al finalizar una reunión, una mujer guapa y joven se me acercó para decirme lo mucho que se había sentido identificada conmigo por el mensaje que acababa de ministrar. Me contó su experiencia con su hijo, el cual había sido sacado con fórceps al momento del parto y esto le había afectado seriamente.

—¿Dónde está tu hijo? —pregunté de inmediato.

Ella me respondió que lo tenía ahí cerca.

—Búscalo por favor, quiero verlo...

Y la mujer se fue y regresó, siendo interceptada en el camino por Erick quien de inmediato cargó al niño y lo besó con ternura estremecedora. Me sorprendió su reacción, su amor por esa criatura, (claro, después peleamos por el niño). Le decíamos lo hermoso que estaba, la bendición que era. Hasta Rebeca se acercó.

—Es igual a Ericka, ¿verdad? —dijo Rebeca y lo besó—. Ayudamos a esta familia, los invitamos a comer y hasta Guille se apuntó para conocer al pequeño. Le regalamos el aparato de inhaloterapia de Ericka para que no sufriera de flemas y aunque los padres estaban sorprendidísimos de nuestra reacción y amor para con su hijo, esto fue lo que realmente me indicó que Erick y yo estábamos en camino hacia nuestra sanidad y restauración matrimonial. Por primera vez, sentí que como pareja estábamos ministrando en este asunto y, además, sirviendo a nuestro Dios con un corazón abierto. No cumplir por cumplir o por ser nuestra responsabilidad.

¡Cuán grande es Dios!

Agradecimientos

Yo sé que los agradecimientos siempre anteceden al libro, pero en este caso, después de abrirles mi corazón y mi hogar, conocerán ahora las personas a las que les estoy plenamente agradecida y a quienes dedico este libro:

A mi Señor y Salvador. A Dios, mi padre, sin cuya ayuda jamás hubiera sobrevivido y por quien puedo seguir adelante, tomada siempre de su mano. Tu gracia y misericordia me han levantado y sin ti nada puedo hacer. No existe nada que no te pueda ofrecer porque tú todo lo has dado, hasta tu propia vida, para que el castigo de mi paz fuera sobre ti. Solo deseo que mi vida te agrade a través de la obediencia que te debo. Perdóname por todas las veces que te he faltado. Solo tú conoces mi corazón y quiero tu restauración completa en todas los aspectos de mi vida, que por siempre estarán entregados a ti. Te necesito tanto, porque solo tú has llenado cada hueco de mi corazón. Solo tú has satisfecho una y otra vez mi ser angustiado y tú, mi gran consolador, eres el que ha cambiado mi lamento en baile. Gracias, Señor, porque contigo SÍ SE PUEDE.

A mis nenas Paola y Ericka. Fueron enviadas por la mano de mi Padre a mostrarnos cosas que jamás hubiéramos apreciado ni valorado sin que sus vidas afectaran las nuestras. Fueron personas que hasta el día de hoy, y siempre, han tenido una profunda influencia sobre nuestra existencia, a veces hermosas y otras dolorosas, pero al final, observando la gran victoria que existe al comprender lo que Dios desea. Aprovecho para decir con sinceridad:

Gracias, Señor, por todo. Mis preciosas hijitas a quienes nunca olvidaré, ni dejaré de amar, ni de extrañar: Nos veremos en el cielo, mis amores.

A mi esposo, por haber sido el padre de mis hijas y quien se atrevió a seguir adelante con el Señor y conmigo, a pesar de las circunstancias adversas. El amor nos permitió enfrentar situaciones que nadie nos enseñó, además de lo que nuestras hijas añadieron a nuestro matrimonio y a nuestro ministerio. Solo él y yo sabemos cuánto lo podemos valorar. Nuestros angelitos fueron un gran instrumento de Dios para que nuestro amor perdurara y nos uniera en tan difícil aventura.

A mi amada Rebeca quien se merece todo mi amor y dedicación. Ella me ha enseñado a sobrevivir en circunstancias difíciles, pues desde el inicio de su vida ha demostrado ser muy valiente. Ella es la esperanza de muchas cosas por venir.

A mi familia. A mi mamá, Vivi, Jorge y los niños. A Roberto, Tina, mi hermano Eddie, Cristina y sus hijos. Todos, de una forma u otra, sembraron, abonaron y regaron sobre nuestra familia grandes bendiciones y lo que ahora cosechan en nosotros es un profundo fruto de agradecimiento y entrañable amor. Cada uno de ellos sufrió a su manera la enfermedad y posterior pérdida de mis hijas, como también nuestra aflicción. Les estoy muy agradecida porque supieron brindarnos apoyo.

A nuestros pastores y líderes, que constantemente se entregaron en oración por nosotros. Admirables hombres y mujeres de Dios, entregados a su servicio y mostrando en todo tiempo la presencia del Señor en sus vidas. Los tiempos de convivencia, así como de crecimiento espiritual en congresos y seminarios, fueron vitales para mí. Su apoyo y consejos enriquecieron nuestro ministerio y su continua preocupación por nuestro bienestar, son algunas de las cosas por las que les estoy profundamente agradecida.

A *Alejandro Licona*, quien no solo fue instrumento de Dios para que me atreviera a publicar mi historia, sino quien añadió al relato el toque maravilloso para que se cumpliese el propósito por el cual fue escrito este libro.

A *la doctora Carmen Trejo*, a quien Dios puso en nuestro camino. Sus conocimientos, su tiempo invertido en nosotros, su disposición a cualquier hora, sus observaciones sin crítica ni control, que nos hicieron ver las cosas más objetivamente y así dejar entrar la luz de esperanza del Señor, alumbrando nuestras vidas cambiadas.

A *todas aquellas personas que de alguna manera nos ayudaron*, físicamente o en oración, con una palabra de aliento, que nos ministraron con una sonrisa o con un pequeño pero heroico acto de amor. Dios sabrá recompensar a cada uno de acuerdo a sus intensiones y entrega. Nos hicieron sentir que valemos algo.

A *los jóvenes, muchachos y muchachas que Dios está usando* para hacernos entender y ver su plan para nosotros. A ustedes, a quienes me rehusaba ver como hijos y que ahora llenan mi corazón de madre. A ustedes, que con sus manifestaciones de amor a través de cartas, regalos, palabras y sonrisas, han hecho que nuestro dolor sea diferente. A ustedes, que los considero parte de nuestras vidas, de nuestro crecimiento y de nuestra entrega al servicio de Dios.

A *todos los padres de hijitos con algún problema. A los pequeños que aún están con ellos y hasta los ya ausentes.* ¿Por qué les agradezco a ellos? Porque están leyendo este libro y es mi deseo ayudar en algo a quienes transitan por situaciones difíciles como las descritas en estas páginas. Este libro puede llegar a manos de aquellos que necesitan una palabra de aliento y un pequeño empujón para seguir adelante, pero con gozo y amor. Si eso se logra, se habrá cumplido el propósito. Es mi anhelo que las palabras de este libro sean de edificación, especialmente en tiempos difíciles. Les pido que amen mucho a sus pequeños, estén sanos o no, que aprovechen cada aliento, cada instante, cada sonrisa, pues nuestro gozo no depende de lo que ellos hagan, sino por el simple hecho de ser nuestros hijos, y esto es suficiente para seguir luchando sin hacerles sentir que ellos son la causa de nuestros problemas o sufrimientos.

Y si sus pequeñitos ya no están aquí, quiero que sepan que están en manos del mejor padre. Del que los cuida, les enseña y los hace verdaderamente felices y sanos. No se entristezcan pues nuestros niñitos ya no quieren regresar a esta tierra decadente. Están disfrutando de lo que ni usted ni nadie puede darles. Si pudiéramos verles, nos daríamos cuenta que ellos no entenderían por qué nosotros seguimos tan tristes, si lo que deseamos es su bienestar. Mejor no pueden estar. Cambien de actitud. Levanten la cabeza en alto y dejen que su ánimo se eleve por los caminos altos de Dios.

A él sea la gloria, la honra y la alabanza.

Nos agradaría recibir noticias suyas.
Por favor, envíe sus comentarios sobre este libro
a la dirección que aparece a continuación.
Muchas gracias.

Editorial Vida
7500 NW 25 Street, Suite 239
Miami, Florida 33122

Vidapub.sales@zondervan.com
http://www.editorialvida.com